U0548996

AN OVERVIEW OF FIRST ACQUAINTANCE OF BEIJING

唐帼丽 主 编

中国财经出版传媒集团
经济科学出版社
Economic Science Press

图书在版编目（CIP）数据

初识北京/唐帼丽主编. —北京：经济科学出版社，2018.12
（京名片丛书）
ISBN 978-7-5218-0044-9

Ⅰ.①初…　Ⅱ.①唐…　Ⅲ.①文化史-北京　Ⅳ.①K291

中国版本图书馆CIP数据核字（2018）第274987号

责任编辑：白留杰　侯晓霞
责任校对：曹育伟
装帧设计：陈宇琰
责任印制：李　鹏

初识北京
唐帼丽　主　编
经济科学出版社出版、发行　新华书店经销
社址：北京市海淀区阜成路甲28号　邮编：100142
教材分社电话：010-88191345　营销中心电话：010-88191522
网址：www.esp.com.cn
电子邮件：houxiaoxia@esp.com.cn
天猫网店：经济科学出版社旗舰店
网址：http://jjkxcbs.tmall.com
北京鑫海金澳胶印有限公司印装
710×1000毫米　16开　17.5印张　210 000字
2019年1月第1版　2019年1月北京第1次印刷
ISBN 978-7-5218-0044-9　定价：55.00元
(图书出现印装问题，本社负责调换。电话：010-88191510)

丛书编委会

京名片丛书

序言

题为《京名片》的系列丛书，是北京化工大学国家大学生文化素质教育基地推出的北京历史文化教育书籍。这套丛书由《初识北京》《古都北京》《博物北京》《山水北京》《院落北京》等5部书籍组成，从古都的时代性和历史性、“没有围墙的北京博物馆”的大博物馆性、作为五朝古都的山水形胜之要的历史地理性以及古都北京城市立体布局的儒家礼制文化性等多个角度切入，深入反映北京历史的人文性和文化精神，反映北京历史文化的融合性和包容性特征，诠释北京历史文化的核心价值。

从北京看中华。北京历史文化的融合与包容特征是中华文化内涵的根本性和凝练性反映；中华文化的本质是融合与包容。北京在作为五朝古都的漫长历史中，每一时段，都记载下多民族之间的文化冲突、冲撞、沟通、交流直至融解、融合的过程，记载下沿两河流域（黄河与长江流域）形成的中华文化精神在民族文化对立过程中的化解冲突和对立的“仁”“义”精神与智慧。融合与包容需要“仁”与“义”的支持，需要这种具有强大儒家思想力的濡养。“仁”与“义”的本质与核心价值是“为民”；自古以来，儒家倡导“为民”思想，站在庶民的立场上，以关爱天下苍生的情怀推己及人，“为天地立心，为生民立命，为往圣继绝学，为万世开太平”，将民之大义视为崇高精神和崇高价值观。“崇德广业”；崇高而具大智慧；融合与包容则利民族团结、天下安宁、息养苍生。中华民族在其 5000 年民族发展史中，蓄积了以“为民”大义为要的融合与包容的文化精神内核。

认识北京历史应当有正确的历史观。北京是五朝古都，北京的历史写满了帝王统治的历史。对当代人来说，我们想在这部都城历史中，发现儒家的“为民”思想与封建帝王政治的关系，发现封建帝王统治与庶民生存的关系。自古王为民之主，故“伊尹相汤，以王于天下”。但王有圣王和霸王之别，孟子作“王霸”辩说时，就劝说君王要做关心天下民生的圣王而不做屠戮民众的霸主。王者往也。《谷梁传》曰：“王者，仁义归往曰王，以其身有仁术，众所归往曰王。”做统治天下、爱护人民的圣王，是孔子儒家对统治者赋予的政治理想。理想终归是理想，在五朝古都的文化反映中，儒家思想成为维护封建礼制秩序的正统思想。一方面，儒家思想影响和制约了帝王政治，另一方面，也被统治者用作维护统治利益的工具。

古都北京城的中心是紫禁宫城。依照周礼制度，王城建造以宫城为核心；城市中一切城池车轨、宅邸街巷、园囿观庙等建制均以礼制规定为准。作为时代和历史的标志，古都的遗迹保留下来，宫城和帝都的城墙，城市的道路和桥梁，皇家林苑和庙宇道观，以牌楼为区划标志的巷道、街市，王朝行政的治府以及各类人居住的宅院。一座都城以它的城市功能承载着统治者的政治统治、政治抱负及其政治活动。历史上的王者，有与民为善者，也有与民对立者，其抱负不一，政治活动也大相径庭。但遗迹就是遗迹。从一座遗城的断壁残垣、废池乔木以及绵延涌流的泉渠来看，在北京古都的统治关系中，书写的不是庶民的历史，而是庶民作为被统治对象的历史。

但是北京历史依然留下了历史文化精神。面对这座布满历史遗迹的五朝古都，我们不得不叹问：紫禁城为何有如此雄浑之气？由东而至的玉河如何贯通北京的水系？九门城墙如何成为卫护北京的屏障？北海中的高耸的白塔如何成为多元文化交融的象征？这就是北京：一块旧墙砖就是一段历史，一座紫禁城的午门就是一部政治学，一条中轴线就是一部中国哲学。不论是走到北京四合院大门的抱鼓石旁，还是伫立在天安门的金水桥前，我们感受到的，不单单是这座帝都的存在，还是那些缱绻在历史遗迹之中的中国人的坚韧精神、达观态度以及和于天地的宇宙自然观；北京的砖石、草木、山水，北京的一切遗迹的存在，都仿佛让我们看到了超越于北京历史存在之上的人文思想和文化精神。

真正的北京历史是其历史人文所在。但是我们想要诠释的北京历史人文不是帝王统治下统治阶级利益和阶级压迫的人文，而是反映人民存在和人民智慧的人文。明代哲学家王阳明说："孟子云：'学问之道无他，求其放心而已矣。'非若后世广记博诵古人之言词，以为好古，而汲汲然惟求功名利达之具于其外者也。"儒家讲的是一个心和一个立场，一个人的心在哪里立场就在哪里。孔子儒家倡导以"为民"之心做"天下为公"之事，意正心诚，求"其放心"，则为从政本源。我们也想依着孔子儒家的心和立场做北京历史人文精神的发掘与传播；不为写这座帝都而写帝都，而为写帝都形成和发展过程中儒家思想和中华文化根脉的深刻影响作用，写帝都中帝王统治下的庶民生活态度和人生审美，写在儒家"为民"思想影响下为政的与民宽缓、政宽人和，写近现代历史沧桑变迁、五朝古都变换为当代中国人民做主人的中华人民共和国的首都。我们在编写立意上要贴着历史的人民性思考历史、反映历史，诠释历史人文和历史文化精神。

《京名片》系列丛书是面向社会公众的素质教育丛书。习近平总书记指出，历史文化是城市的灵魂，要像爱惜自己的生命一样保护好城市的历史文化遗产。北京是世界著名古都，丰富的历史文化遗产是一张金名片，传承保护好这份宝贵的历史文化遗产是首都的职责。北京化工大学地处首都北京，具有教育的地缘优势，我们可以利用好北京的历史文化遗产，利用好这张“金名片”，讲好北京故事，做好关于北京历史人文和文化精神传播的素质教育工作。

北京化工大学国家大学生文化素质教育基地

2019 年 1 月 1 日

AN OVERVIEW OF
FIRST ACQUAINTANCE OF BEIJING

目录

北京历史文化概论

/王岗

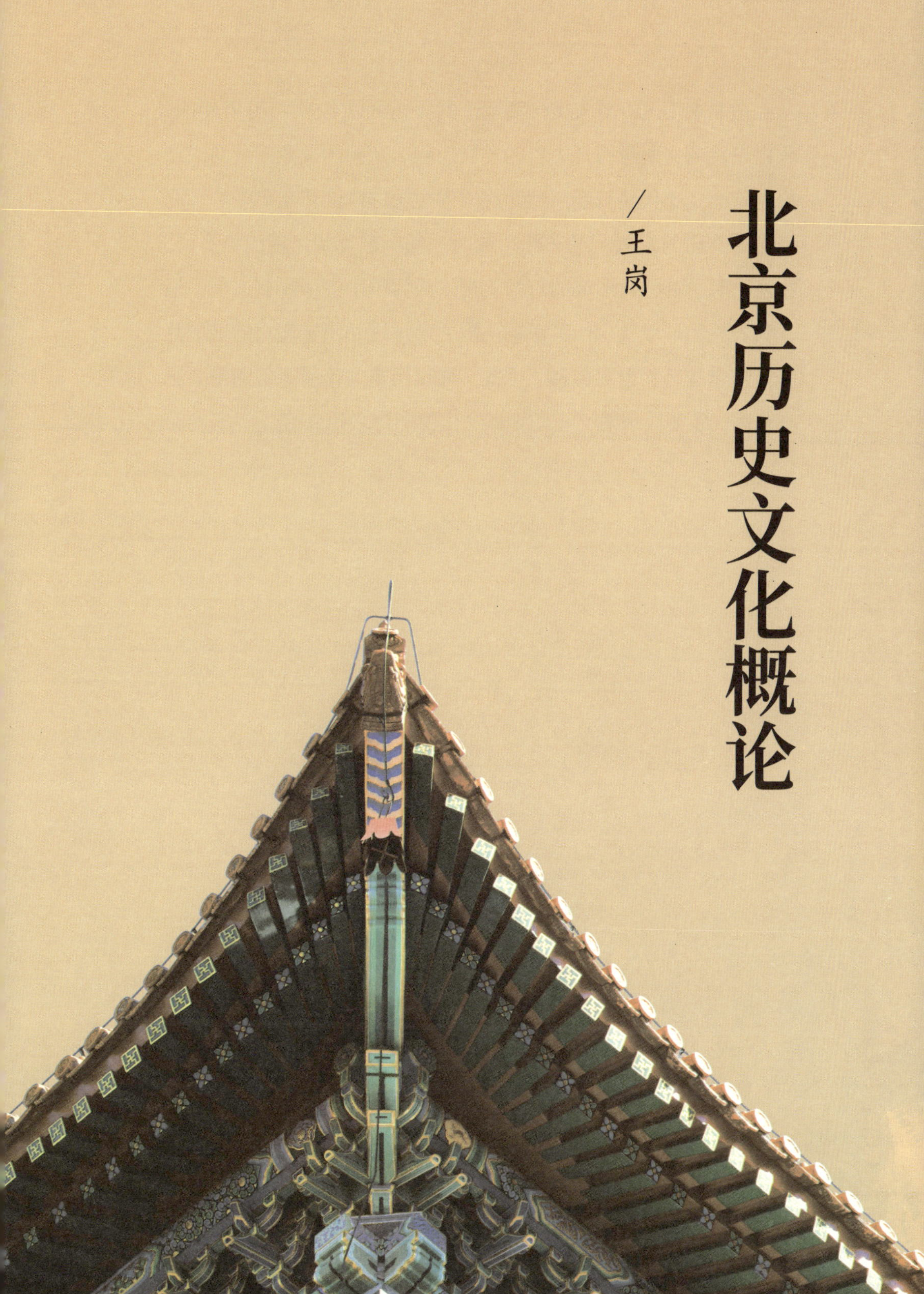

在北京地区，有人类生活遗迹的历史可以上溯到70万年前，北京先民的文明也有几千年的发展历程。从蓟国及燕国分封，辽代建陪都，金代建首都，到元代成为全国的政治和文化中心，北京历史文化的发展就像长江、黄河，越流越宽阔，越流越澎湃。在元、明、清三代形成的京师文化，成为整个中华民族文化中最具代表性的地域文化，其影响范围之广远远超出了北京的地域范围，向全国乃至世界传播。因此，北京历史文化所产生的重要影响作用，不是一般意义上的地域文化所能与之相比的。

一 名山胜水 文化多元

北京地区位于华北平原的最北端，有着十分优越的自然环境。北面群山环抱，南面诸水横流。平原地区适宜农业耕作，山区的矿产资源和果木资源也很丰富。同时，北京地区交通发达，为商业的繁荣提供了便利条件。宋代著名学者朱熹这样描述北京：

> 冀都山脉从云中发来，前则黄河环绕，泰山耸左为龙，华山耸右为虎，嵩为前案，淮南诸山为第二重案，江南五岭诸山为第三重案。故古今建都之地莫过于冀。所谓无风以散之，有水以界之也。[①]

① 见《钦定日下旧闻考》卷五《形胜》，引自［宋］《朱子语类》。

京西山水

在朱熹看来，北京地区的山水环境（即古人常说的“风水”）乃是建立都城的上上之选。

至金元时期，人们对北京的都城认识更加明晰。金代大臣梁襄这样描述北京：

燕都地处雄要，北倚山险，南压区夏，若坐堂隍，俯视庭宇。本地所生，人马勇劲，亡辽虽小，止以得燕故能控制南北，坐致宋币。燕盖京都之选首也……居庸、古北、松亭、榆林等关，东西千里，山峻相连，近在都畿，易于据守，皇天本以限中外，开大金万世之基而设也。[1]

① 《金史》卷九六《梁襄传》。

无独有偶，元代大将霸突鲁对北京的形势同样看重，他对忽必烈说：

> 幽燕之地，龙蟠虎踞，形势雄伟，南控江淮，北连朔漠。且天子必居中以受四方朝觐。大王果欲经营天下，驻跸之所，非燕不可。①

在这片山水环抱的土地之上，随着人口的迁徙，逐渐形成了多元交融的文化风貌。在西周分封燕国之前，这里生活的民众以黄帝后裔为主，形成古老的蓟文化。随着燕国的分封，一大批民众从关陕一带到此居住，成为北京地区最早的移民群体之一。此后，从秦汉到明清时期，一直有各地民众迁移到这里定居，如唐朝曾将一大批东北的少数民族安置在这里；金朝迁都时，又将一大批女真贵族和民众迁到这里；元朝定都前后，也将西北边疆地区的民众迁入京城定居；明朝定都北京前后，又将山西、江南等地的大批民众迁居于此；而清朝定都北京之后，则将大批居住在东北的八旗民众迁入北京城。此外，燕山以北的鲜卑和契丹等少数民族的势力也一度进入中原地区：鲜卑族建立了北魏王朝；契丹族则建立了辽王朝；蒙古部落建立元王朝。因此，北京地区形成了多元交融的文化风貌。

---

①《元史》卷一一九《霸突鲁传》。

二 长城内外 运河上下

北京地区以燕山山脉为界，山北是游牧民族，山南是农耕文化。农耕民众与游牧部落之间经常发生冲突，往往是草原上的部落到农耕地区来掠夺粮食和钱财，造成农耕地区的巨大经济损失和政局动荡。为了保障社会安定，避免经济损失，从先秦时期的燕国便开启了长城的建造工程。秦始皇统一天下，又从东到西，沿农耕地区与游牧地区的分界线，修筑了一条万里长城。这条长城在汉唐时期为抵御匈奴、突厥等游牧民族的侵扰发挥过重要作用。到了唐代末年，契丹民族迅速崛起，并且在唐朝灭亡后利用中原王朝的内讧，得到了长城沿线的燕云十六州，从此中原地区的农耕王朝失去长城屏障，在与游牧王朝的军事对抗中一直处于被动挨打的局面。蒙古民族崛起之后，其势力迅速进入中原地区，在建立元王朝后又很快统一天下，使得长城内外以往长期的军事对抗不复存在，长城由此失去了军事上的重要作用。

北京古长城遗迹

明朝建立之后，再次出现了农耕王朝与游牧民族之间的长期军事对抗。明成祖为了保证北京政局的稳定，几次亲率大军北征元朝残余势力。而草原上的游牧民族仍然经常对长城沿线的农耕地区发动侵扰，甚至直接威胁到北京城的安定。于是，明朝政府又不得不花费大量人力、物力来修筑长城，以加强防御。

清朝崛起之后，其势力很快进入中原地区，定都北京。由于历史发展的新趋势和清朝统治者能够较好地处理民族关系，游牧民族和农耕民族的长期战争渐趋沉寂，长城再次失去了军事上的重要作用，而成为了中华各民族相互融合的伟大象征。

大运河的开凿始于隋代，最初也是出于重要的军事目的：为中央政府稳定华北及东北地区的政治局势提供必要的军事供给。金朝迁都北京（当时称中都）之后，大运河的军事供给作用消失了，成为中原地区向京城供给各种生活物资的经济命脉。元朝建立后，为了把更多的江南财物运送到京城，遂将隋唐时期的大运河加以大规模改造，大大缩短了从大运河南端杭州通往京城的路程，基本形成了今天“京杭大运河”的航道。同时，元朝政府又在京城开凿了通惠河，把大运河的北端从京城东面的通州延长到京城里面的海子（今积水潭）。京杭大运河的改造，加强了北京与江南以至全国各地的经济和文化联系，为北京城市经济的发展和繁荣，提供了一条至关重要的经济大动脉。

京杭大运河北京段

三 历史演进 文化变迁

北京历史文化的发展历程十分久远，早在 70 万年前，这里就有了人类的活动痕迹。此后，陆续出现了“山顶洞人”“东胡林人”。距今约 5000 年，农耕文化初具规模。

黄帝及其后裔生活在北京地区，他们创造的文化成为中华文化的一个重要组成部分。黄炎之间的阪泉之战，发生在北京延庆区阪泉村附近。黄帝后裔封于蓟，《史记 · 乐书》记载：

> 武王克殷反商，未及下车，而封黄帝之后於蓟，封帝尧之后於祝，封帝舜之后於陈；下车而封夏后氏之后於杞，封殷之后於宋……

与黄帝后裔一起被分封在北京地区的还有燕国的召（音邵）公。此后，燕国日益强大，取蓟而代，把蓟城作为都城，史称“燕京”。到了战国时期，燕国为七雄之一，形成崇尚“侠义”的独特地域文化。燕昭王为报齐国攻掠之仇，筑黄金台，招揽天下英雄，以郭隗为师，以乐毅为将，大败齐国，一举成功，传为美谈。一直到辽金时期，京城内还设置有金台坊、隗台坊（因郭隗而建台）等地名，著名的“燕京八景”中，也有“金台夕照”一景。陈子昂《登幽州台歌》所言登临处即“黄金台”。此后，燕太子丹请荆轲刺杀秦王，荆轲一曲《易水歌》，把燕地“视死如归”的侠义精神表达得淋漓尽致，堪称燕国地域文化的代表作。

汉唐时期，北京地区以边塞军事文化为特点。这个时期，北方的游牧民族连年对长城沿线城镇发动侵扰，幽州城成为防御和反攻的军事要塞。许多诗人作《燕歌行》《从军行》《出塞行》等乐府诗描写燕地之战。其中，以唐代高适的《燕歌行》最为著名，诗人写道：

汉家烟尘在东北，汉将辞家破残贼。男儿本自重横行，天子非常赐颜色。摐金伐鼓下榆关，旌旗逶迤碣石间……少妇城南欲断肠，征人蓟北空回首。[①]

隋唐时期，幽州成为镇抚整个东北地区的重镇。征战连年不断。杜甫曾作《前出塞九首》和《后出塞五首》。《后出塞》之四有诗句道：“渔阳豪侠地，击鼓吹笙竽。”《后出塞》之五有诗句道：“坐见幽州骑，长驱河洛昏。”[②]

---

①《全唐诗》卷一九。
②《乐府诗集》卷二二。

唐史思明墓出土铜坐龙

五代时期，契丹统治者利用石敬瑭争夺皇位的契机夺得了燕云十六州，使得燕京地区在此后的数百年间一直处于少数民族政权统治之下，并给这里的地域文化发展带来了巨大的影响。在辽代的燕京地区，一方面，从后晋那里上承了唐朝文化发展的余绪，仍是以农耕文化为主体；另一方面，增加契丹族所具有的游牧文化特色，形成农耕文化与游牧文化并存的二元文化发展特色。在金代的中都地区，一方面，辽代燕京的文脉与南宋文化相互融合；另一方面，金中都地区的中原文化又与女真族的少数民族文化相互融合，为这里的文化发展提供了新的动力。北京地区逐渐发展成为整个北方地区的文化中心。

元朝时期，北京地区成为整个中国的文化中心。元太祖的南伐西征，使得蒙古政权接触了中原地区的农耕文化、西域的伊斯兰文化和欧洲的基督教文化。元太宗即位后，采取一系列“汉化”举措，从立国号到建年号，从制礼乐到祭祀祖先、社稷等，皆是因袭了农耕文化的传统。元世祖即位后，进一步推动“汉化”，促进多元文化融合。这时的元大都已经成为世界各种文化汇聚的地方。作为中华民族传统文化代表的儒、释、道三教仍然占据主导地位，作为少数民族文化代表的游牧文化和藏传佛教文化也在这里占有了一席之地，甚至域外的伊斯兰文化和基督教文化也不远万里来到这里，并且在此有了初步的传播。

明代初年，建都南京，废元大都，改置北平府。北平府只是一座北方军事重镇。直到燕王朱棣发动“靖难之役”，北京才再次成为全国的政治和文化中心。而这时的北京城已经不再有前朝多元文化的局面了，单一的农耕文化作为主旋律压倒了其他文化的声音，藏传佛教文化、伊斯兰文化虽有一些痕迹，却很难恢复到元代的规模，也很难产生较大的社会影响。但是，就农耕文化的发展而言，北京逐渐形成的京师文化则达到了一个新的高峰。不论是《永乐大典》的抄录，还是佛教《永乐北藏》的刊印，都

元大都城墙故址

是发生在北京的重大文化事件。明朝的儒学家们也把宋儒的理学发展到一个新的高峰。京师文化，开始成为北京文化的核心，而在京师文化中，宫廷文化又占据了主导地位。一般情况下，宫廷的文化时尚，很快就会变成整个京城的文化时尚，又很快传播到全国各地。

清朝，虽然是由少数民族统治者所建立，但是在文化传承上却延续了以中华民族农耕文化为主体的多元文化。其主要特点有：

其一，皇家园林文化的发展超过了以往各个朝代，达到了空前绝后的程度。最著名的圆明园不仅传承了中华园林艺术的珍贵结晶，而且加入了西方园林艺术的特色，堪称当时世界园林的典范，可惜在此后英法联军入侵时毁于战火。

其二，王府文化取得前所未有的发展。在清代之前，元明两朝虽然也实行分封制，分封的宗王在成年后都要派到全国各地，

圆明园残迹

不许留在北京，故而各地皆建有豪华的王府，而在北京却没有产生影响。清朝分封的宗王都被留在京城，建有豪华的王府供其居住，形成了独特的王府文化。

其三，会馆文化的发展达到空前的程度。会馆的出现是在北京成为京城之后。在明代，北京的会馆数量较少，影响也不大；而到了清代，北京会馆的数量不断增加，规模不断扩大，功能也越来越多，从外乡人驻京的生活场所，到商业同行聚会、议事和娱乐的场所，再到知识分子与官僚谋划政治活动的社交场所，许多重要的政治、经济和文化活动，都是在各类会馆进行的。

其四，庙会文化日趋繁荣。京城商业文化的繁荣，除了固定的商业贸易场所之外，更反映在非固定的庙会活动之中。在北京城内外，庙会就是城市居民们的“赶集”活动。固定的店铺往往只买卖单一的商品，而庙会则是百货云集的场所，所谓的“逛庙会”，其文化特色不是商品的买卖，而是随意的“逛”，既可选购庙会中五花八门的时尚商品，又欣赏了全国各地奔赴而来的戏曲娱乐活动。

清朝末年，西方列强开始对中国发动军事和文化的双重冲击，北京作为全国的政治和文化中心首当其冲，中国文化被动地进行着现代化转型。教育方面，废除科举制，兴办现代学校，京师大学堂和“留美预备学堂”（即日后的清华大学）成为中国现代大学的重要名片。社会生活方面，北京城里的西洋式建筑越来越多，穿西服革履的人越来越多，西洋餐厅也变成时髦人士宴请朋友的最佳场所，就连中国人最为重视的婚嫁仪式，也被有些人改为西洋式的婚礼，有些则是西洋式与中国传统式婚礼的结合物。而西方语言的大量传入，也给中文语库中增添了许多新的词汇。政治方面，推翻封建帝制，建立中华民国。

“辛亥革命”以后，所有新文化的代表人物都曾经在北京活跃过。北京成为新文化运动的重要场所，也是中国现代化进程中的重镇。

四 正统所在 尊严所出

北京历史文化的主要特色之一，就是带有非常浓厚的正统特色。文化上的正统，始于黄帝和炎帝创造的文明。政治上的正统，始于夏、商、周三代，以中央王朝的建立为标志。哲学观念上的正统，始于汉武帝罢黜百家、独尊儒术，使得儒家学说成为整个社会的统治思想。作为历代统治者活动中心的都城，往往也是正统文化产生和不断发展的中心地区。

北京地域文化中的正统特色在其成为都城之后形成。辽代，契丹统治者把燕京定为陪都，开始以正统的文化表现形式寻求合法性。会同三年（940 年）四月，辽太宗巡幸燕京，“至燕，备法驾，入自拱辰门，御元和殿，行入閤礼。”[①]

① 《辽史》卷四《太宗纪》。

这是契丹统治者使用仪仗的最早记载，使用的地点就是在燕京，而这套仪仗，则是契丹统治者从后晋手里得到的、原来属于唐朝统治者所使用的器物。辽太宗使用这套仪仗，在文化上的含义是代表了正统王朝的身份，故而当他出兵灭后晋，占领汴京之后，再次使用法驾，可见其对这套仪仗的重视。

金代中期，燕京成为首都，女真统治者们有意继承儒家的正统文化，仿照唐宋模式，进行各种礼仪活动，如对祭祀诸神的坛庙的建设，对祭祀礼仪的程序细节的讲究等。

元代，元世祖新建元大都，将蒙古国号改称大元，颁行《授时历》，大兴礼乐，把少数民族政权用“汉法”的举措推向新的高峰，也是在追求正统的地位。

明清时期，儒家政治学说仍然是正统文化的代表，宋明理学占据了整个中国思想界的主流地位。在明清时期的北京文化界中，正统观念一直占有显著的地位。

金中都宫殿屋脊鸱吻

五 文化中心 凝聚四面

北京历史文化的另一特色是凝聚特色。它也始于北京成为都城以后，特别是成为全国政治中心以后。一般来说，政治中心的形成往往会带来文化中心的出现，如汉唐时期的都城长安、洛阳，北宋都城汴京，南宋都城临安，以及金朝的中都城、元朝的大都城、明清的北京城等。这些文化中心的出现，与其自身的文化发展状况有着密切的联系，同时，也与都城的巨大政治作用密切相关。许多地方如果不是成为政治中心，可能永远都不会成为文化中心。而有些地方，在作为都城时，文化发展十分繁荣，一旦失去都城地位之后，文化发展也随之日渐萧条，逐步失去了文化中心的地位。

北京地区在成为政治中心之前，只是一座军事重镇，其文化发展还很难在全国产生较大影响，也无法形成凝聚特色。从金海陵王定都之后，开始成为整个北方地区的政治和文化中心，其凝

聚特色也开始显现出来；而其文化凝聚的范围，也主要是在北方地区。到了元世祖将都城从大草原上迁移到北京之后，特别是在攻灭南宋之后，这里逐渐成为全国的政治和文化中心，其文化凝聚力已经遍及大江南北、长城内外。到了明清时期，北京依然是全国的政治和文化中心，这种凝聚特色也就一直延续并有所发展。

这种文化上的凝聚特色，表现在许多方面。如文化教育机构的凝聚作用，作为国子学和太学，有着数百名甚至上千名学生，这些学生大多数是从全国各地选拔上来的优秀青年，他们来到都城后，拜名师学习各种文化，从事文化活动。特别是这个上千人的庞大群体不断变动，随时有人毕业，又随时有人入学，为京城文化界注入发展动力。

又如全国各地的主要政府官员，在任职期满后都要到京城述职。这些述职官员构成另一个不断流动的庞大群体。他们在京述职期间，或游山玩水，或寻亲访友，从事各种文化活动，为京城文化界又增添了一股活力。

此外，全国各地的其他文化也随之汇聚到京城来，如人们最为熟悉的饮食文化。在北京成为全国统治中心之前，这里的饮食文化主要体现的是北方特色，而当这里成为全国统治中心之后，这里的饮食文化也随之发生变化，全国各地的饮食特色都汇聚到了京城：南甜北咸，西辣东酸。

这种京城所特有的巨大文化凝聚力，成为京城文化发展的强大推动力。全国各地文人汇聚北京，相互交流学习，激发了他们从事文化创作的灵感，创作出许多杰出的作品。如元大都杂剧的繁荣发展，是与文人的汇聚密切相关的。元朝统治者把全国著名的艺人编入乐籍，征调到京城，随时为重要庆典活动演出歌舞。而在平时没有演出活动时，这些来自全国各地的艺人就与京城的文人相互交往，文人撰写剧本，艺人演出剧本。如果没有这种文人与艺人的密切合作，元杂剧很难发展到巅峰状态。

六 文化核心 辐射八方

北京历史文化的另一个特色就是有着较强的辐射性，这种文化的辐射性早在先秦时期就出现了，只是其辐射范围比较小，仅限于燕京周围地区。辽代，燕京成为陪都，这里的文化发展程度超过了首都辽上京（后来是辽中京），故而其文化辐射范围较广，遍及整个辽朝的疆域。例如，我们在山西应县的木塔中就发现有在燕京刊印的佛教典籍，这种典籍的流传，表明燕京佛教文化在辽朝的辐射范围较为广泛。金代，中都城的文化辐射范围进一步拓展到了江淮一线，占据了半壁江山。元代以后，一直到清代，京城的文化影响则辐射到了全国范围。例如，许多重大的文化工程是在京城完成的，较为著名的有元、明、清三朝皆纂修的《大一统志》，在全国地理学界都产生了极大影响。又如元代《经世大典》的纂修，明代《永乐大典》的抄录，以及清代《古今图书集成》《四库全书》等的纂修，其文化影响，遍及全国。

《四库全书》书影

作为正统观念代表的儒家学说，在宋代有了新的发展，人们称这种新产生的学派为“理学”。到了元代，理学被定为官学，在全国的思想界产生了巨大影响。宋儒理学门派众多，观点纷杂。由于宋儒赵复在燕京所传授的是朱熹一派的学说，因此，元朝统治者就把程朱理学定为官学，用这种简单的行政办法解决了一个复杂的学术问题。从此，在燕京开始发达的程朱理学不仅在元代成为显学，其在全国的影响一直延续到了明清时期。

在文学艺术方面，京城的扩散作用也很明显。如在清代中后期出现的京剧，是由各地不同的几个剧种融合而成，在流传到北京之后，因为受到清朝统治者和达官显贵们的喜爱，红极一时，成为京城最具特色的地域文化之一。随着京剧在京城的火爆，很快就在全国都成为演艺界的“新星”。此后经过京剧艺人们的发扬光大，京剧遂成为代表中华文化的国粹。如果说汉唐时期全国文化界都在关注长安和洛阳，那么，元明清以后，人们关注的就是北京。

京城文化的辐射特色，也表现在宗教文化方面。如藏传佛教，在元代以前很少传播到中原地区来，更很少传播到江南地区去。到了元代，世祖忽必烈尊崇藏传佛教，并且加封其佛教领袖八思巴为帝师，又在元大都设置有宣政院，负责管理全国的佛教事务和西藏等地的军政事务。同时，在大都城建造了大圣寿万安寺和大护国仁王寺，以供藏传佛教高僧居住和弘传藏传佛教的佛法。此后，元世祖又下令，在江南地区的几十座寺庙中弘传藏传佛教，派遣该教派的高僧亲自前往主持佛教活动。由此可见，藏传佛教是先传播到京城，然后再从京城扩散到全国各地的。又如道教中的全真教一派，兴起于陕西，发展于山东，而臻于极盛却是在燕京。蒙古崛起之初，元太祖曾邀请全真教领袖丘处机前往西域一晤，丘处机回到中原后，选择燕京作为传播该教派的活动中心。当时由于受到蒙古统治者的支持，全真教迅速发展，势力扩张到整个北方地区。正是由于燕京是当时中原地区的政治和文化中心，

北京白云观牌坊

故而全真教的向外扩散就有了一个理想的中心点。

北京文化的辐射范围不止于国内，还向其他国家扩展出去。如作为中国的近邻日本、朝鲜、韩国、越南、缅甸、泰国等，自古以来就与中国有着千丝万缕的联系，他们派出的使者，在汉唐时期主要是前往长安、洛阳等地，而自元代以后，则主要前往北京。他们所获得的大量文化信息，也是源自北京文化。元明清三代中央政府，皆在京城设置有接待各国使臣的宾馆，任命主管对外事务的官员和翻译，为中外文化交流提供便利。因为当时中国文化发展十分昌盛，故而对周边各国的文化影响很大。这一点，我们通过各国使臣出使北京的记录中即可得知。近年来，韩国学者将历年出使北京的朝鲜使臣所撰写的纪行录加以整理出版，名曰《燕行录》。中国学者也与越南学者合作，将历年越南使臣到北京往还的记录整理出版。这些都证明了以北京地域文化为代表的中华文化对周边地区的巨大文化影响。

北京历史文化对世界产生较大影响，当始于意大利大旅行家马可·波罗。他在所撰写的《马可·波罗游记》一书中，对元大都城辉煌建筑的描写，对都市商业发展盛况的赞叹，给西方社会带来极大的震撼，这是他们第一次感受到中华文明的强大震撼力。同样是那个时代，还有鄂多立克、伊本·白图泰等许多著名旅行家对中国和北京进行过描述。他们对中华文明最深刻的感触就是“神奇的东方”。此后较长的一段时期，中国陷入对外封闭状态，文化交流也受到阻碍。“鸦片战争”以后，中国被迫对外开放，北京作为国家的首都，有更多的外国人来到这里，外交家、政治家、军人、学者、传教士、商人等，他们在带来西方文明的同时，也开始把他们在北京的文化感受传播到了世界各地。

七 文化包容 海纳百川

中华文明之所以能够千年流传，一个十分重要的因素就是有广阔的包容性。北京历史文化在包容特色方面，表现尤为突出。

自辽代以来的1000余年，北京地区先后传入各种不同的文化类别，基本上都得到了包容。特别是在各种文化的发展进程中，包容特色更是发挥了巨大的作用。

宫廷文化的发展

辽的宫廷文化传承自唐代和后晋等王朝。到了金代，又有辽代和宋代的宫廷文化传入融合，而元代则继承了金代和南宋的宫廷文化。明成祖营建北京城，许多宫廷文化的内容来自南京，与元代差异较大。清朝定都北京后，在继承明代的宫廷文化之外，还加入了满族文化的特色。文化上的包容为继承前代典制奠定了坚实的基础。

私家园林文化的发展

在元代以前，北京地区还没有出现著名的私家园林。从元代开始，北京的私家园林逐渐出现，到了明清时期其数量不断增加，并吸收了许多南方园林的优点，使其文化内涵越来越丰富，遂与江南园林并驾齐驱，成为北京地域文化的一个重要组成部分。

宗教文化的交汇

元朝的文化政策空前开放，不论是农耕文化还是游牧文化，不论是伊斯兰教文化还是基督教文化，在京城的文化界皆占有一席之地。这与元朝统治者所习惯的游牧文化的开放风格相一致。首先，与漠北草原的游牧文化相比，农耕文化、伊斯兰教文化和基督教文化的发展层次都更高一些，元朝统治者接受起来也就更容易一些。其次，在元朝统治者的眼里，这些文化都是某种宗教的代表，或者说，他们认为这些不同文化都受到各种神灵保护。因此，他们包容这些文化的存在和发展，意味着保护这些文化的神灵也保护自己。儒家学说本来不是宗教，但是，元朝统治者在祭祀天地和祖先时，是把天神地祇和祖先的灵魂都当成宗教神灵

恭王府水榭

来看待。因此，元大都是当时世界上宗教文化包容特色最突出的国际大都会。

现代化文化的传播与发展

“鸦片战争”以后，许多西方的先进文化传入北京地区，例如，提倡人道主义，提倡科学与民主，反对封建专制的思潮兴盛一时。对于这些现代文化，北京的文化界也表现出了极大的包容性，许多西方关于社会发展的理论，正是在北京首先得到提倡和宣传的。新式教育机构的设置，为新文化的发展培养了众多人才；新式传媒机构的出现，为宣传新思想提供了影响巨大的载体；新式的娱乐场所与娱乐方式，更使封闭已久的广大京城市民大开眼界。正是这种文化包容特色，使北京的地域文化在全国范围内率先向现代化迈进，成为“五四”新文化运动的策源地。

多民族文化的融合

中华民族的形成经历了一个漫长的过程，有许多少数民族先后融入这个大家庭中。在北京地区，历史上曾经活跃过的许多少数民族，如鲜卑族、契丹族、奚族、女真族等，他们曾经有过自己的语言文字、自己的服装发式、自己的饮食习惯等，如今这些鲜明的、具有民族特色的文化模式都已经融入汉族文化中。这个“汉化”的过程，是生活在边疆地区的少数民族民众在进入中原地区之后都会出现的文化变化过程，实际上，也就是对农耕文化的认同过程。

有些少数民族文化是通过宗教文化的方式传承下来的。如藏族民众所尊崇的藏传佛教文化，在北京就是通过雍和宫、黄寺、嵩祝寺和白塔寺等处的佛教文化活动场所得以传承至今。其中，白塔寺建于元代，是藏传佛教传入京城的标志性建筑，该寺中所造大白塔与中原地区佛教寺庙中的佛塔样式完全不同，带有鲜明的少数民族文化特色。雍和宫等藏传佛教寺庙则建于清代，庙中所塑佛像颇具特色，而黄寺中所造佛塔也极为精美，系佛教文化中罕见的艺术珍品。此外，京城内外也建造有许多清真寺，其中，又以牛街礼拜寺、东四清真寺等最为著称，代表了伊斯兰教文化在北京发展的悠久历史，有着明显的少数民族文化特色。

元代大圣寿万安寺白塔

民俗文化的融合

以农耕生产为主的中华民族，特别重视岁时的变化。每到春节，帝王要与皇亲国戚及文武百官一起举行隆重的庆祝仪式，希望在新的一年里国泰民安。元宵节时，家家户户要点花灯、吃元宵。端午节已经进入夏季，各种毒虫开始活跃起来，因此，这个节日的主题就是要祛病消灾。中秋节与重阳节是在秋季，中秋节的阖家团圆与重阳节的尊敬耆老都是农耕民族重视亲情的伦理观念的体现。这些形成于农耕社会的风俗一直延续到今天，表明人们对中华民族自身文化的自豪与认同。

八 当代北京 包容创新

北京历史文化的发展，是与中华文化的整体发展同步的。今天的北京文化与 100 多年前清朝灭亡时相比，已经发生了翻天覆地的变化。但是，一些古老的传统却一直绵延下来，形成了一个古老而现代的北京。

今天的北京，高楼林立的喧闹，映衬着红墙绿瓦的端庄宁静；时尚现代的商业广告，陪伴着古色古香的老字号招牌；庄严巍峨的天安门城楼，曾经是古代帝王向天下颁发诏书的地点，如今则是党和国家领导人与全国人民一起举行各种隆重庆典的重要场所;山清水秀的颐和园、北海公园，曾经是古代帝王休闲的禁地，如今则是国内外无数游人流连忘返的度假胜地；当年曾经是农耕民众与游牧民众拼死厮杀的长城古关隘，如今则成为中华各民族相互融合的历史见证。

今天的北京，依旧是全国的政治中心，党中央在这里做出的许多重大决策，很快就会传遍祖国各地。每年在这里召开的全国人民代表大会和全国政治协商会议，都会成为举世瞩目的焦点。

今天的北京，依然是全国的文化中心。这里聚集了来自全国各地的各种文化团体、文化流派，学者、艺术工作者，他们带来了丰富的艺术作品。既有政府组织的各种全国性的文艺汇演（舞蹈的、音乐的、曲艺的等），又有世界各国的艺术展演；既有各种艺术展览（绘画的、雕塑的、书法的等），还有民间举办的各种文化活动……不同地域的不同文化都活跃在北京的文化舞台上，使北京的文化舞台成为最绚丽的舞台。

今天的北京，包容古今。我们随处可以看到各种不同渊源的文化，既有从古代遗留下来的，如万里长城、紫禁城、颐和园，

北海公园

紫禁城全貌

也有当代新创作的，如 20 世纪 50 年代的十大建筑，21 世纪新建的国家大剧院、“鸟巢”和“水立方”。既有经典的本土建筑风格，如天坛、地坛、社稷坛、太庙、孔庙、历代帝王庙，也有国外建筑风格，如天主教堂、基督教堂、伊斯兰教清真寺。在北京的舞台上既有源自古代的京剧、粤剧，以及各种曲艺，也有源自西方的话剧、歌剧、芭蕾舞剧，以及音乐剧等。

今天的北京，不断创新。北京既有浓厚的传统文化底蕴，又受多元的异域文化影响，具有强劲的文化创新力。例如，作为“国粹”的京剧，传统的演出是用京胡等古代乐器进行伴奏的，但是，当西洋乐器传入并且在社会上逐渐普及之后，京剧伴奏大胆使用交响乐及钢琴，极大丰富了京剧的艺术表现能力。又如，国画在中国传统文化中占有十分重要的地位，有着独特的艺术表现手法，特别强调笔墨的运用，但是，随着西方绘画艺术的传入，一批中国杰出的绘画大师开始将西方绘画中的特点，融入国画创作之中，从而在绘画领域中取得新的突破。这种将中国传统文化与西方文化融合在一起的发展特色不是始于今天，但是却在今天的北京地域文化发展中表现最为突出。

今天的北京，依旧独特。尽管互联网彻底颠覆了文化交流的空间和形态。但是，传媒、影视乃至于网络所承载的文化内容，依旧会带有不同的地域特色。中国艺术家创作的影视作品与西方艺术家的作品是不一样的，北京的艺术家与东北的、江浙的艺术家在创作风格上也是有所不同的，这种差异就是地域文化特色的反映。

天坛祈年殿

定都北京

/李建平

要想了解北京，必须了解3个基本概念：

一是北京约有50万年人类活动的历史，一些科学家通过北京市房山区周口店“北京人”用火的灰烬层推断，认为北京人类活动的历史还可以向前推移，达到78万年前。

二是北京有3000多年建城的历史，史书和考古发现都证明在3000多年前的西周时期，北京已经有诸侯国的城邑。

三是北京有800多年建都的历史，而且都城由小变大，逐步发展为全国的政治、文化中心，成为多民族统一国家的首都，也就是中华民族的首善之区。

以下重点讲述北京建都的历史。

一座北京城，半部中华史。

这句话讲明了北京作为都城史的特点。中国早期的都城在安阳、洛阳、西安，古代“西安”称“长安”，取长治久安之意。但定都的意图也需尊重自然变化的规律。中国人讲究“道”，讲求“道法自然”，也就是要尊重自然规律的变化。从中国都城发展历史来看，定都西安是中国封建社会前期的明智选择，西安不仅有秦川八百里的肥沃土地，还是昆仑山脉向东奔向大海的第一站。中华民族的都城从殷墟商都所在地安阳到长安（也就是今西安），形成了中华民族大文化荟萃的首善之区，从秦汉到隋唐，演绎了中华文明的前半部历史。后来，随着社会经济、文化的发展，中华多民族交往融合的新要求，都城逐渐向东向北迁移，最终选择了北京。北京从辽建陪都、金建中都、元建大都，作为都城的区位优势日益明显，作为多民族碰撞、交流、融合的地缘优势突出。由此，城市地位节节上升，城池得到不断的扩建和完善。到了明朝，明成祖朱棣再次决定在此建都，绝非偶然，是历史发展的必然。表面上看是“天子守国门”，实际上是北京作为政治、文化、多民族交往的战略要地决定的。要想知道北京为什么能成为首都，就要了解北京的区位优势和北京发展的历史。

一 区位优势

北京区位优势明显，地理位置独特。北京城坐落在北京湾中的北京小平原上，西面统称西山，是太行山余脉；中华文明的火种，最早的人类就是穿越太行山的余脉来到北京小平原。北京城北面延伸到东北面是燕山山脉和军都山脉。燕山是北京的母亲山，高耸、宽厚，怀抱着北京城。北京城南面不仅向阳，而且东南通向大海；南面控制中原地区。这种三面环山、一面舒展且向阳的地势，是历代堪舆学家认为的风水宝地，也就是藏风聚气的地方，适合王者立国建都。北京作为民族分布也占尽优势。北京位于华北平原咽喉要地，西北可以和草原民族交往，东北可以和山林民族交往，东南可以和沿海民族交往，西南可以和中原农耕民族交往。北京是草原、山林游牧民族和中原农耕民族的交会点。

北京的地势和地貌也有其优势。由于西北多山，地形呈现西北高、东南低，河流多从西北流向东南。据水利专家统计，古代北京小平原上有五大水系，200 多条河流；大片湖泊、湿地，非常适宜人类居住。其中，永定河被称为北京的“母亲河”，尽管早期永定河泛滥，被称为“无定河”“浑河”，但经过历代治理，这条河流还是养育、滋润了北京人和北京城市的成长。北京在古年间有几条交通大道：一条是向东出山海关，可以到达松辽平原；一条是往北穿过太行八陉之一的关沟，也就是居庸关，可以到达延庆小平原，去西北坝上；还有一条是沿着京承高速路，经顺义、怀柔、密云，出古北口，直通承德。在北京正阳门城楼下，当代中国公路零公里的标志，是由清华大学美术学院专家设计的，选用的是左（东）青龙、右（西）白虎、前（南）朱雀、后（北）玄武。这个公路零公里标志，不仅是道路的起点，还是北京作为都城的象征。

正阳门城楼下的中国公路零公里标志

二 燕都蓟城

周武王灭商后，实行分封制度，其中主要的封国有 71 个，今日北京地区当时被分封的诸侯国有“蓟”和“燕”。蓟城的位置在今广安门外白云观、天宁寺一带。据北京大学历史地理教授侯仁之研究考证后认为，蓟城得名于城内西北一处高地，高地名“蓟丘”。原来古人取地名主要是根据当地的物候特征。据说在永定河泛滥的时期，人类要想定居就一定要找与河水有一定距离的高地定居。蓟丘就是这样一块理想的高地，而且在高地上盛长着一种植物，名大蓟，夏日花开，十分鲜艳，给人印象深刻，于是人们就给这块高地起名“蓟丘”，给依托这块高地修建的城邑取名“蓟城”。古代“燕”的得名也与物候有关。古代北京地区的先民以鸟为图腾，也就是说他们羡慕、崇拜能够在天空中自由自在飞翔的鸟类。古书记载，北京地区原来是商的势力范围，比较靠近边缘，这里的先民信奉“玄鸟”。玄鸟是什么鸟，有人认为，是古人心目中的神鸟。然而，每到春天，和人类比较亲近的燕子更为人类熟悉，它们可以在人类居住的房舍屋檐下筑巢。尤其是北京到了雨季，成群的燕子飞翔并鸣叫，于是人们总结出物候变化的规律——“燕子低飞蛇过道，滂沱大雨要来到”。燕子给北京地区的先民印象最深刻。于是，人们简称北京地区为“燕”，称这里的山为“燕山”，这里的水为“燕水”，这里的城邑为“燕都”，这里的国家为“燕国”，这里的都城为“燕京”。

到后来，燕的势力强大，兼并了蓟，并以蓟城为都。这就是司马迁《史记》中记载的“燕都蓟城”。为了让后人记住北京最早成长的蓟城，原北京市宣武区政府在古代蓟城的位置，也就是在今天广安门外滨河绿地中，修建了“蓟城纪念柱”。

通过考古发掘，在今北京市房山区琉璃河镇董家林村，考古工作者还发现了古代燕侯墓葬及车马坑。根据出土的青铜器铭文，人们推测这就是远古燕侯的墓葬地。现在，北京市文物部门在这里建立了“西周燕都遗址博物馆”。在博物馆旁边人们还发现有夯土筑成的土城墙遗迹，有的专家认为，这是北京最早的古代城墙遗迹。

北京城是在蓟城的基础上发展起来的。位于广安门外的古代蓟城，做过古代燕国的都城，然后经过春秋、战国、秦汉、隋唐、五代一直到辽金，城池不断得到修缮和拓展，最后形成辽的陪都南京城和辉煌的金中都城。

位于广安门外滨河绿地中的“蓟城纪念柱”

三 金中都

辽金以前北京蓟城，已经成为中心城市，这里是南北物流的集散地，又是军事重镇。在民族关系中，这里又是多民族散杂居地。辽金时期，这里先后被契丹、女真民族统治。在辽萧太后掌权时，辽朝官员信奉佛教，城内老百姓也多信佛教，城市内外佛教寺院众多，现在天宁寺的古塔和古塔周边的寺院就保留了辽代佛教印记。

在北京市昌平区也保留了辽金时期北京地区佛教盛行的遗迹。北京燕山脚下著名的“银山塔林”，或称“铁壁银山”景区中，有 5 座在辽金时期修建的佛塔，这说明在辽金时候，佛教盛行，产生过高僧。

辽金北京城池建设也很辉煌。金中都是在辽南京城的基础上加以拓展的，城池规模已经成为当时世界上屈指可数的大城市。在城池中心的皇城和皇宫更是辉煌。据有关专家学者考证，金中

位于广安门外的天宁寺古塔

都皇城东西窄，南北长，周围1.5公里，共有4个城门：东为宣华门，南为宣阳门，西为玉华门，北是拱辰门。皇城中有宫城，中心是大安殿，为朝会庆典之所，其作用相当于北京故宫中的太和殿，它的遗址在今白纸坊立交桥北端之东。原宣武区政府为了纪念这一历史建筑的位置，在广安门外滨河绿地中专门制作了青铜的纪念阙，标明大安殿宫殿遗址的位置。据史料记载，当时金中都共建有宫殿36座，此外还有众多的楼阁和园池名胜。当时所记载的金中都“宫阙壮丽”。

金中都的营建与金确定当时的燕京为中都有关。当时金世宗完颜亮为了将金的皇族贵戚全部迁到中都城，下了很大决心。为了断绝退路，他下令将旧都上京会宁府（在今黑龙江省哈尔滨市阿城区城南 2 公里处）的宫殿豪宅全都毁掉，迫使大批贵族官僚南下迁入中都城，使得中都城人丁兴旺，商业迅速发展，上升为新的政治中心和文化中心。史籍记载，完颜亮注重减轻赋税，缓和民族矛盾，休养生息，使农业得到发展，商业繁荣，市场兴盛。这段时期史书称为“小尧舜”。由此，一些史学家认为：金海陵

岩山寺壁画中的金代宫殿

金中都大安殿纪念阙

王迁都不单在金朝的发展史上是一个新的阶段，在北京城市发展史和定都的历史上也是一个意义重大的新纪元。从此，北京就成为一代王朝的正式都城。[①]

金中都城是在蓟城基础上发展起来的一座大城，这个城池现在还有很多遗迹可以追寻。如海淀区“会城门”，那是金中都城北面西边的一个城门；南三环路上的“丽泽桥”，“丽泽”也是金中都城西南面的一座城门名称。金代还留下了卢沟桥。卢沟桥不仅是交通要道，它还是金代皇帝从中都城到房山谒见祖陵时要经过的桥。因为是皇帝要经过的桥，所以修得非常漂亮、壮观，桥

① 详见北京大学历史系《北京史》编写组著：《北京史》第四章“辽金时期的北京”，北京出版社 2012 年版，第 85 页。

栏杆上有几百个石头雕刻的狮子，狮子造型和雕刻都是一流的，是北京古代建筑精品。

建筑学家罗哲文在《名闻中外的卢沟桥》一文中曾对这些神态活现的石狮子有过极为生动的描述：

> 有的昂首挺胸，仰望云天；有的双目凝神，注视桥面；有的侧身转首，两两相对，好像在交谈；有的在抚育狮儿，好像在轻轻呼唤。桥南边东部有一只石狮，高竖起一只耳朵，好似在倾听着桥下潺潺的流水和过往行人的说话……

这些石狮子真是千姿百态，神情活现。

卢沟桥上的石狮子

金代还留下城墙水关遗址，位置在今右安门外玉林小区。所谓水关，就是穿城墙的水道。水道既要从城墙下流出来，让驳船出入，又不破坏城墙的整体性，于是人们就在城墙下面设立了水关。水关上面是城墙，下面有河床。保存下来的金中都水关遗址位于金中都城南城墙，水道非常宽，河床下面铺着大石头。

在北京还有明代的十三陵，清代的清东陵、清西陵，金代的帝王陵。金陵遗址位于北京市西南 45 公里的大方山，是金代帝王后妃及宗室的陵墓区，面积大约有 60 平方公里。其主陵区位于周口店镇西北龙门口村连山顶下的九龙山。2001 年春，北京市文物研究所与房山区文物管理所共同对金陵主陵区进行考古调查，除了发现主要陵寝、陪葬墓和碑刻遗迹外，还在遗址内零散出土了大量的铁器，其中生产工具数量最多，有镐、凿、锤、锨、斧、剁斧、链等，还有少量兵器及生活用具，这表明金代已经广泛使用铁器，社会生产力有很大提升。

金中都水关遗址

在北京，各朝代的建筑文化，既有联系，又有区别。金和清在建筑文化上的联系，就是都讲究华丽、装饰。尤其在金代，非常崇拜中原的汉文化，特别是宋代高度发展的汉文化，他们把宋文化用于自己的奢华享受，由此在建筑上突出追求华丽的装饰。我们在出土的陵墓文物中，可以看到皇帝、皇后用的棺椁，是用整块汉白玉雕刻的，在石棺椁里面还出土了各种各样雕刻精美的文物。

现今北京文化建设提倡首善文化，这种文化建设是从辽金开始的。尤其在金代，出现中原先进文化北上。1127 年金兵南下，金朝的军队俘虏了宋朝两个皇帝（徽宗、钦宗），金朝不仅把宋朝的皇帝俘虏过来，同时还把后宫，包括皇室 3000 余人，大批的官吏、宫廷中美女、工匠、教坊等人员迁徙到中都城，随之北上的还有宋朝的典籍、官僚制度等，这是一次中原文化整体北上，加剧了南北文化的迅速融合，为北京成为全国的政治中心和文化中心奠定了基础。

广安门外滨河绿地新修建的金中都公园

四 元大都

金朝之后又一个北方的少数民族南下中原，这就是由成吉思汗统领的蒙古骑兵。1215 年，蒙古骑兵从太行山与燕山山脉交会的关沟突入，从现今昌平区的南口直接南下，占据了金中都城。经过蒙古骑兵的劫掠，金中都城内宫殿区完全被毁。又过了 45 年，成吉思汗的孙子忽必烈来到中都城。他没有住进已经被战火毁坏了的中都城内，而是选择了中都城外东北郊离宫内的琼华岛。为什么选择这里，原来这里是金代皇帝的离宫，蒙古骑兵南下时，集中围攻金中都城，这里没有遭受太大的毁坏。而更主要的一个原因，是忽必烈喜爱上了这块风水宝地。琼华岛四面环水，南北两侧还有大片水域，周边不仅水草丰美，还有金朝皇帝的离宫，规划整齐，建筑雄伟。于是，忽必烈就在这个地方住了下来。过了一年，有人造了一个欢宴群臣的玉缸“渎山大玉海”献给忽必烈。转年，又有人献给他一件宝物，名为“五山珍玉塌”。《元史》说“敕置琼华岛广寒殿”。由此，忽必烈常驻地在琼华岛上。

忽必烈驻地的选择，为元大都的修建奠定了坐标。而元大都城的修建又为元代定都北京提供了新的城市生长点。

现在北京西城有大片水域，包括中南海、北海、什刹前海、什刹后海和什刹西海。忽必烈钟爱这片水域，他要求规划新城时一定要把这片水域放在城市核心的位置。这是因为蒙古民族喜欢逐水草而居，水源对他们来讲就是生命。

实现忽必烈要求设计新城的是中原汉人刘秉忠，他把中原大一统的汉文化和蒙古民族逐水草而居的文化理念完美地结合起来，设计了元大都城。他根据阴阳、五行、周易、八卦的学说，

刘秉忠和他设计的元大都城雕塑

首先在水的最东边南北确定了一条直线，为城市中轴线，使新的城市东部为阳、西部为阴；木为阳、水为阴，这样就保证了东面能修建大片房舍，西面则保留大片水域。同时，在确定的城市中轴线中心修建皇宫，在琼华岛南北陆地上修建太子和太后的宫殿，形成皇宫、太子宫、太后宫中心是琼华岛。这样，忽必烈钟爱的地方——琼华岛形成圣山（元代称万岁山），被视为新的都城的精神支柱。同时，圣山、太液池水、宫殿三者相互辉映，形成人间帝王的理想之所——“天上人间”。

元大都城修建另一个特点是规划整齐有序，中心明显，左右对称。在刘秉忠的设计下，城市的南北中轴线犹如城市的脊梁，将城市分为东、西两个部分，形成了东为阳、西为阴；东为木、

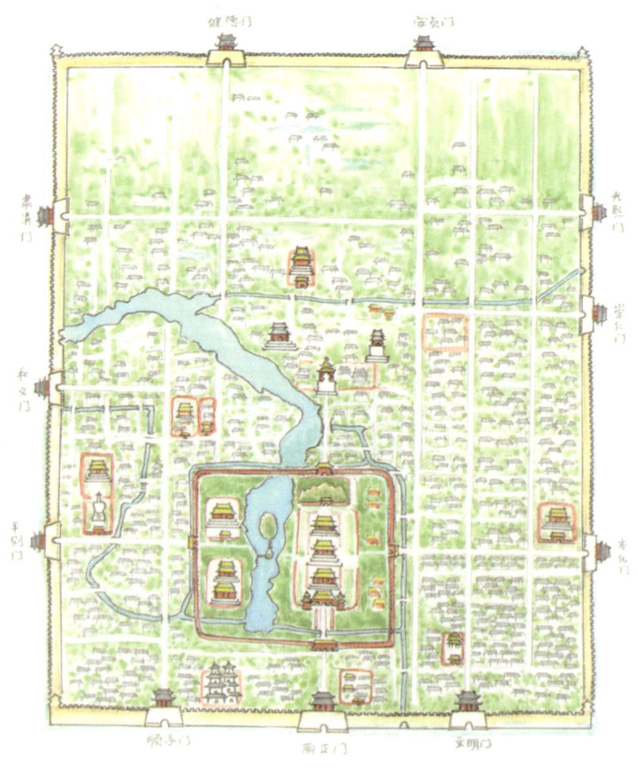

元大都城示意图

西为水；东为文、西为武；东为仁、西为义等不断引申的文化理念。这个文化理念，或者称城市的文化现象一直影响到今天的北京城市发展建设。例如，大都城当时南面有 3 个城门，北面有 2 个城门，现今北京的旧城也是南面 3 个城门，北面 2 个城门。原和平里火车站附近有“光熙门”，现在乘坐 13 号线地铁还有光熙门站。光熙门是就元大都城的城门，在元大都城的东北方位；与光熙门相对的是肃清门，在北京邮电大学西边的明光村，现在还保留有城门遗址，在元大都城的西北方位。“光熙”是上午，是春天，表示繁华、昌盛；“肃清”是下午，是秋天，表示收获、安宁。两座城门，明显分为一阳一阴，而且是随着天地运转，体现时令变化，展现的是自然生态和谐。

元大都城南北各有特点，南面，是蒙古贵族占据的主要地方，这里有体现蒙古民族学习和吸收中原城市文化，仿造中原都市设计整齐的胡同、院落。北京胡同分布格局就是在此时形成的，而且非常整齐有序，呈现东西走向。连接胡同的有巷，干道称为街。同时，这座城市还尊重蒙古民族的生活习性，在城市北面留有大片的草地、湿地，可以提供给游牧民族支帐篷，放牧牛羊。

喇嘛教作为元代的国教，其标志性建筑就是西城区的白塔寺白塔。这座白塔是元代修建大都城之前确定修建的，它又和元代定都北京有关。元大都的主流宗教文化是喇嘛教。白塔寺是元代城市文化的根基。在白塔寺的西配殿中有元大都皇城的沙盘，通过沙盘，可以直接了解大都城的城市布局和城市文化特点。

元大都城还成功解决了城市水路交通运输问题。当时大都城建成后，逐渐成为全国的政治中心，来往和常住人口激增，大都地区的社会消费品需求也日益增长，长江以北广大中原地区的众

白塔寺内白塔

多物资源源不断沿着由隋唐时期开凿的运河北上到达通州。当时，通州到大都城距离 25 公里，靠百姓车拉肩扛进行搬运，不仅耗费大量人力、物力，而且效率低下。为了减少耗费，提高运输能力，元朝政府指派刘秉忠的学生——郭守敬来解决这个问题。

郭守敬解决问题的思路是顺其自然，因势利导。他沿着北京西山考察，发现北京西北郊山前泉水资源非常丰富，尤其是沿着山前地段，山泉涓涓流淌不息。郭守敬决定第一步从最北边的昌平开始，顺着西山山前，把泉水汇集起来，形成人工运河，就是现今北京京密引水渠。当时泉水汇集到昆明湖（当年叫“瓮山泊”）后，又从其中引了一条渠，这条渠称长河，是很长的一条人工河，把水顺势引流到积水潭。这个过程都是顺流而下，水从高处往低处流。到了积水潭，水一下子就积蓄多了，积水潭成了汪洋大湖、深水码头。

第二步要解决把通州的漕船引进积水潭的深水码头。郭守敬

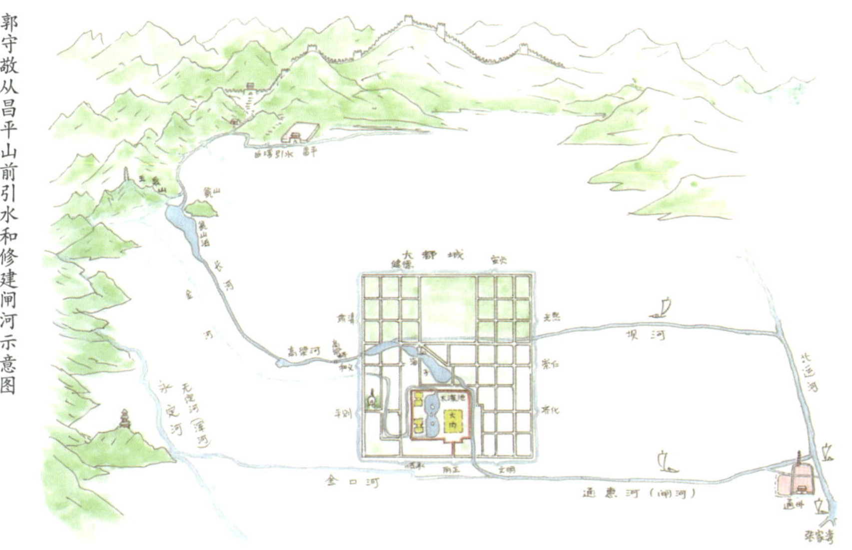

郭守敬从昌平山前引水和修建闸河示意图

的办法是在河道上修了一道道闸，当船逆流而上，通过闸后就关闸，使上游来水增多，水位迅速上涨，漕船继续通行。这种做法就像长江逆流而上的货船，船通行到闸口后，关闭船后的闸门，使水位上涨，让船通行。郭守敬用“闸河”的形式圆满解决了漕船逆流而上的问题。同时增加了大都城水源补给，忽必烈看到大都城内积水潭有很多漕船停靠，龙颜大悦，命名新运河为“通惠河”。从此，江南及中原运河中的粮船、商船，都可直接到达大都城内的海子（积水潭）。郭守敬对北京城市水利建设贡献突出，为此，北京在修建2号线地铁积水潭站出口的地方，利用原来的汇通祠旧址，修建了郭守敬纪念馆。

郭守敬纪念馆

五 明北京

明朝定都北京是北京作为首都的最重要篇章。“北京”正式得名是在明朝永乐元年（1403 年），距今有 600 多年。明朝定都北京，是中原汉民族第一次在北京建立全国性统一政权，开启了北京发展建设新的篇章。今天北京城市的格局、建筑，包括城墙、城门、皇宫、紫禁城都是明代的文化遗产。

在元末农民战争中取得胜利的朱元璋，就考虑是否将都城建在北平（即北京），但江淮地区是朱元璋军事力量的集中地区，而且物资丰富，水路运输便捷，所以首先定都南京。定都后，随着北方军事活动的不断加强，北京越来越显示出它对于全国的重要作用，朱元璋直到晚年仍在思考迁都北京的问题。据顾炎武的记载，朱元璋曾表示“本欲迁都，今朕已老，精力已倦，又天下新定，不欲劳民”，况且当时太子朱标去世，朱元璋伤心欲绝，迁都北京于是作罢。太子朱标英年早逝也与定都有关。朱元璋认为，选择江山万年基业的都城是头等大事。因此，他让太子朱标去考察汉唐帝都。太子朱标在去长安（今西安）的路上感染伤寒，不幸病故。

1399 年，燕王朱棣发动“靖难之役”，经过 4 年的战争，1402 年夺得帝位，1403 年下令改北平为北京，1406 年开始筹划迁都北京。朱棣选择北京为新的都城，不仅因为这里是他受封燕王之地，有北方之神玄武保佑；更是为了满足明朝初年的政治、军事斗争形势的需要。

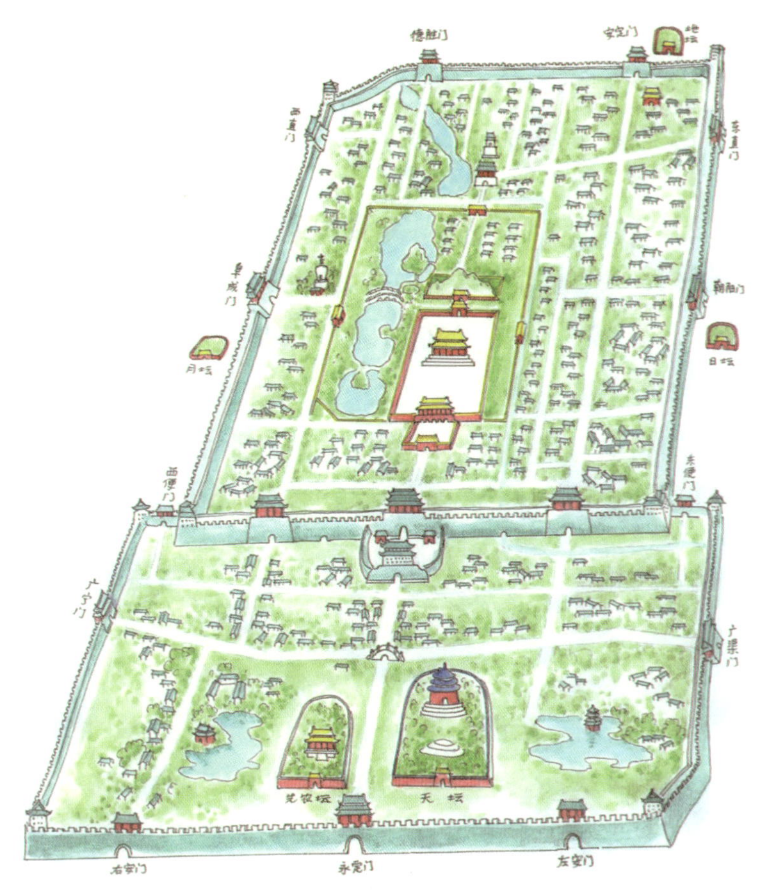

明代北京城示意图

明成祖朱棣定都北京，围绕新的都城建设做了几件大事，给明代北京留下了壮丽风采。一是修建紫禁城；二是修建天地坛；三是铸造大钟；四是拓展北京城；五是修筑长城北京段；六是编修《永乐大典》；七是派郑和下西洋。这些措施的核心是表明君权神授，江山一统，朱棣继承皇位是名正言顺。公元 1416 年，朱棣下令模仿南京皇宫营建北京宫殿，1420 年建成紫禁城宫殿、太庙、社稷坛、万岁山、太液池、十王府、皇太孙府、五府六部衙门、钟鼓楼等，同时将元大都旧城南城墙南移 0.8 公里，为修建皇城拓展空间。1421 年，朱棣正式迁都北京。此后又在北京南郊修建了天地坛（今天坛）和山川坛（今先农坛）。

明代北京城的前身是公元 1264 年营建的元大都城。1368 年，明朝大将徐达攻陷元大都。由于元顺帝不战而逃，城市未受到破坏，完整地保留下来。明代京城遵循着封建王朝都城的规制进行设计，它在很多方面体现着“皇权”思想。明代京城分紫禁城、皇城、内城、外城四层，紫禁城是京城的核心。明初攻克大都后，将原来的元皇宫、除隆福宫改为朱棣的燕王府外，其余大部分宫殿为了灭前朝的王气而全部拆毁了。因此迁都北京，需要重建皇城皇宫。新修建的皇宫名紫禁城，按照天上有紫薇垣，地上有紫禁城的理念设计。紫薇垣和紫禁城，一个位于天体中央，一个位于北京城市中心。紫禁城于永乐十八年（1420 年）完工，城周约 3 公里余，南北 960 米，东西 760 米。城有 4 门：正南为午门，正北为玄武门；东西各一门，东曰东华门、西曰西华门，城墙由磨砖对缝的大城砖垒砌，在城墙四角修建有华丽的角楼。

围绕紫禁城、西苑（三海）、万岁山（景山）的是皇城。皇城由皇城墙围绕，长约 9 公里，为红墙身，黄琉璃瓦覆盖墙顶。

紫禁城太和殿

皇城有 7 门：最南名大明门，大明门内为正门，即承天门（清改天安门），门前为广场，广场东为长安左门（俗称东三座门），西为长安右门（俗称西三座门），皇城东门为东安门，皇城西门为西安门，皇城北门为北安门。

公元 1368 年，开始改建城池。当时元顺帝退走蒙古高原，为防止其南侵，将大都城北部比较空旷荒落的地方放弃，另筑新城墙，后来加修筑东、西、南三面城垣，用砖包砌。当时城周长 20 公里，共 9 门。

蒙古骑兵多次南侵，时常威胁到京城。明朝嘉靖年间筑外城。原计划筑城60公里，四面环绕内城，但后因财力不足，只修了南部外城。由此，北京城分为内城和外城，形成了“凸”字形。北京外城全长14公里，有7门，后来又增修各门瓮城，至此时完成了北京城的扩建。外城的建成，形成了一条自正阳门通往永定门的笔直大道，这条大道延长了北京城市中轴线。

北京城中轴线全长近 8 公里，南起永定门，经过天桥，穿过正阳门城楼、箭楼，到达皇城大门——大明门，经过东、西两侧的千步廊中间狭长的通道，到达承天门（天安门）。经过承天门、端门，到达紫禁城午门，经过午门进入皇宫，迎面排列的是外朝三大殿，然后是内廷后三宫，进入御花园，在御花园正中是钦安殿，那里供奉的是朱棣的守护神——玄武。紫禁城北门原来就叫“玄武门”，表明紫禁城是按照天上星宿的方位确定，即“左青龙，右白虎，前朱雀，后玄武”。因为清朝康熙皇帝名“玄烨”，所以清代改为“神武门”。出了紫禁城，北面是景山，明朝时为“万岁山”，也俗称“煤山”。山与紫禁城有密切关系。景山是明朝“挖湖堆山”的杰作。即为加强紫禁城的防护，专门挖了护城河，也就是老百姓所说的“筒子河”。挖河的泥土堆积在紫禁城后面，形成靠山，使紫禁城形成“前有照，后有靠”。照就是水，水平静时能照出人影。天安门前的金水河就是照。后有靠就是景山。景山坐落在中轴线上，而且成为全城的制高点。过了景山，出地安门，明朝叫“北安门”，就出了皇城，北面是一条街市，中间有万宁桥，也就是老百姓俗称的“后门桥”，然后是高大的鼓楼、钟楼。明代北京城中轴线北端止于钟楼。

明代北京城门有“内九外七”之说，明朝初年内城各门名称还沿用大都旧名。公元 1439 年，也就是明朝正统年间，北京内城 9 门城楼竣工，改丽正门为正阳门，改文明门为崇文门，改顺承门为宣武门、改齐化门为朝阳门，改平则门为阜成门。明朝的内城 9 门是：正阳门、崇文门、朝阳门、东直门、安定门、德胜门、西直门、阜成门、宣武门。外城的 7 门是：东便门、广渠门、左安门、永定门、右安门、广宁门（清改称“广安门”）、西便门。

明代京城是严格按照中国古代社会都城的理想蓝图建造的。其中“左祖右社”的格局比元大都城更加严紧。在皇城内承天门之左建太庙（今劳动人民文化宫），用以祭祀皇帝的祖先；在承天门之右建社稷坛（今中山公园）用以祭祀土地和五谷之神；在内城南郊建圜丘坛（天坛），以祭天；内城北郊建方泽坛（地坛），以祭地；东郊建朝日坛（日坛），以祭太阳；西郊建夕月坛（月坛），以祭月亮。

万里长城北京段，是明朝北京的主要防御建筑，从徐达攻下大都后，就时刻防备旧元势力卷土重来，开始重新加固、修筑居庸关等处长城。明朝修建的城墙不但加高加宽，而且一律用砖包砌。明朝为加强北方防务，将长城沿线划分为 9 个防御区，分别驻有重兵，称为“九边重镇”，每镇均设有总兵官管辖。蓟镇东起山海关，西至居庸关，拱卫京师，是 9 镇中最重要的一镇，戚继光为蓟镇总兵官时，开始大规模修筑蓟镇长城。

戚继光与蓟镇长城

戚继光在修建长城过程中，依据“因地制宜，用险制塞”的建筑思想，山势低矮处，加高城墙；山势高峻处，修建敌楼，个别地方加修了障墙、支墙、挡马墙，全部为砖石结构或砖石木结构，使这段长城设施完备、构筑牢固、布局严谨、可攻可守。经专家鉴定，金山岭长城是我国万里长城的精华之所在，其中障墙、支墙、敌楼堪称“三绝”。戚继光在加固城墙的同时，又修建了空心敌台。从 1569 年夏天开始动工，到 1575 年 2 月，在蓟州、昌平一带逶迤 1000 多公里的长城线上，共建成空心敌台 1337 座。空心敌台由上、中、下三部分组成。下部为基座，用大条石砌成，高与城墙相同，中部为空心部分，有的用砖墙和砖砌筒拱承重，构筑成相互连通的券室，有的用木柱和木楼板承重，外侧包以厚重的砖墙，形成一层或两层较大的室内空间，以供士兵驻守，存放粮草和兵器。上部为台顶，多数敌台台顶中央筑有楼橹，供守城士兵遮风避雨，也有的台顶铺漫成平台，供燃烟举火以报警。士兵见到烽火，立即登台应战，施放铳箭，使敌骑无法接近敌台；即使万一敌人突墙而入，台中士卒仍可据台坚守待援，也可乘机出击，牵制敌人，使敌军不敢深入。空心敌台的修建使明军的防御力量大增。

明长城对于明朝政权的巩固，特别是对于北京作为帝王都城起到了保护作用。同时，对于中国北部地区农牧业生产的安定也起了积极的保障作用。

长城空心敌台内部景观

六 清北京

公元1644年,李自成进北京,崇祯皇帝吊死在万岁山(今“景山”)。然而,仅过42天,李自成山海关战败,被迫撤离北京城,从阜成门一路向南。随后,清朝的摄政王多尔衮率领八旗兵从朝阳门进入北京城,标志着清朝问鼎北京。同年六月,多尔衮与诸王、贝勒等定议,定都燕京(今北京),准备迎接在沈阳的小皇帝顺治进京,入主紫禁城。九月,顺治皇帝从正阳门进入北京城。然后,经过承天门进入皇宫。当时,承天门已毁于大火,只剩下光秃秃的城台和5个门洞。十月初一,顺治行定鼎登基礼,发布告祭天地文:“兹定鼎燕京,以绥中国”,宣布继续沿用“大清”国号,年号顺治。清朝正式定都北京。

清朝定都北京也干了几件大事,最突出的一件事是没有毁坏皇城和紫禁城,而是继续使用明朝的皇城、紫禁城,在文化理念上加以改造。其表现为:一是重修明朝的承天门,然后改名为“天安门”，将皇城北门“北安门”改为“地安门”；重修紫禁城外朝三大殿，分别改名为“太和殿”“中和殿”“保和殿”，在北京城中央形成“内和外安”“天地人和谐”的文化理念。二是改造明朝的万岁山，更名为“景山”，并将寿皇殿建筑移至景山背后中轴线上，将其皇族血脉立为正统，到乾隆年间，又在景山顶上安置藏传佛五方赞，也就是老百姓俗称的“五方佛”，坐北朝南，保佑前面的紫禁城皇宫，保佑大清江山社稷。三是在北海琼华岛山顶，举行大规模藏传佛教仪式，于顺治八年（1651年）听从

北海永安寺白塔

北海小西天

大喇嘛建议，修建白塔。到乾隆年间，又在北海北岸修建众多皇家寺院。可以看出，清朝定都北京，急需安定，同时又充分利用藏传佛教为思想文化武器，对前朝的统治文化进行改造。

清代北京城基本沿袭了明代北京城的格局，但裁撤了皇城的设置，将明代皇城内的大量内廷供奉机构改为民居，同时将内城的大量衙署、府第、仓库、草厂也改为民居。为了加强统治，保证皇权安全，将内城改为八旗分区驻防，强令内城汉人迁往外城居住。清朝还在北京城内修建了大量黄教寺庙、王府，并在西郊修建了“三山五园”等皇家园林。

所谓黄教，是对藏传佛教格鲁派的俗称，因该派僧侣以戴黄色僧帽而得名。元代由于蒙古贵族的推崇，由西藏传入喇嘛教，并在上层统治者之间传播。14 世纪末叶（明洪武年间），青海藏族喇嘛宗喀巴，鉴于喇嘛教中的腐败现象，在西藏一些农奴主支持下，发起改革，创立了著名的格鲁派。这一派主张僧侣严守戒律，着黄色衣帽，被称为黄帽派，简称黄教。清朝初年，中国藏传佛教在中国蒙、藏地区（包括青海、内蒙古西部）势力强大，教徒信仰虔诚，佛经教义是蒙、藏人民的精神支柱。喇嘛教上层人物在政治上有效地控制着地方政权，经济上会聚着大量财富，文化上掌握着经堂教院。清朝政府为加强对西北疆的统治，巩固国家统一，很重视对蒙古部族的团结，认为通过宗教可以达到团结的目的。于是就提出“兴黄教，即所以安众蒙古”的政策。这也是清朝在北京城内修建了大量黄教寺庙的原因。

清朝信奉藏传佛教，重点改造了北京城中轴线上的制高点——景山。“景”字为“日”下“京”城，也就是清朝真龙天子所在地。在景山 5 座山峰之上修建了 5 个亭式建筑，里面安放着五方佛，藏传佛教称“五方赞”，是一统天下的象征，弘扬藏传佛教的体现。同时，又加强了景山作为紫禁城靠山的文化内涵。在北京城市建筑审美上又突出了“中心明显、左右对称”的城市景观。所以，研究景山文化的专家学者认为，这是乾隆年间的杰作。当时，宗教文化在北京古代社会中具有非常重要的地位，文化氛围也相当浓厚。藏传佛教与皇权文化紧密结合是清代北京城市的鲜明特点。

宗教与皇权的紧密结合，突出表现在故宫雨花阁的建筑设计中。雨花阁是故宫建筑群中最高的一座，也是清代宫廷藏传佛教祭祀的重要场所。

雨花阁屋顶的顶尖上有一座喇嘛金宝塔，高九尺六寸（3.2 米）。宝塔的塔基、塔身、相轮和塔刹，全部为铜质鎏金。4 条金灿灿的飞龙呈弓状，昂首翘尾，四脚跨骑在殿脊两侧。整个殿顶由鎏金铜瓦覆盖，鎏金屋顶下设有斗拱，拱口装饰为彩色立体方

故宫雨花阁

块。雨花阁虽为藏传佛教建筑，但为了与紫禁城诸多殿堂的建筑相兼容，外观如顶层四角攒尖顶的建筑形式就植根于中原汉式建筑，所以这座寺庙兼具汉藏建筑风格，在整个故宫建筑群中显得尤为别致。

清朝定都北京，皇权和宗教到底是什么关系？雍和宫御碑亭内御碑《喇嘛说》写得最清楚。《喇嘛说》由乾隆皇帝撰写，分别用满文、汉文、蒙古文和藏文刻于石碑的南北东西四面。在《喇嘛说》中，乾隆皇帝首先介绍了藏传佛教的命名、来源及发展过程，阐述了清朝皇帝保护喇嘛教的道理，总结了元朝灭亡的教训，告诫世人对喇嘛教不可曲敬。随后，乾隆皇帝又讲述了以王法制裁高层喇嘛分裂国家活动的史实，重点说明活佛转世制度的由来及弊端，并提出改革办法，即“金瓶掣签”。所谓“金瓶掣签”就是要公平遴选继承人，从南北东西各方位寻找转世灵童，由抽签提出候选人，然后经皇帝批准的一整套制度。

清朝政府通过顺应少数民族习俗、尊重蒙藏上层人物宗教信仰的策略，来实现强化地方和中央政权的关系，巩固国家统一的目的。这一主张，时至今日对治国安邦仍然具有借鉴作用。

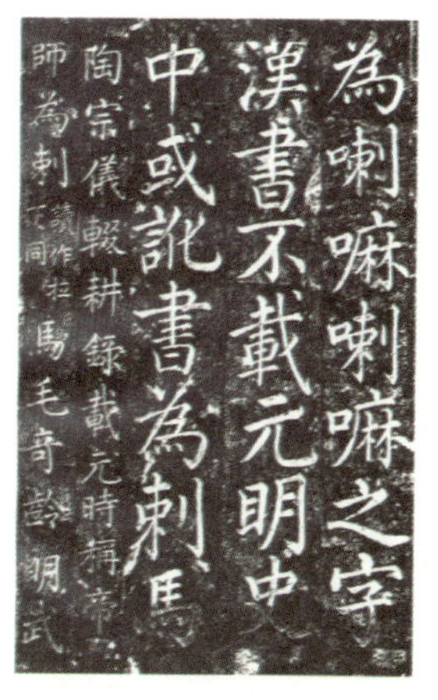

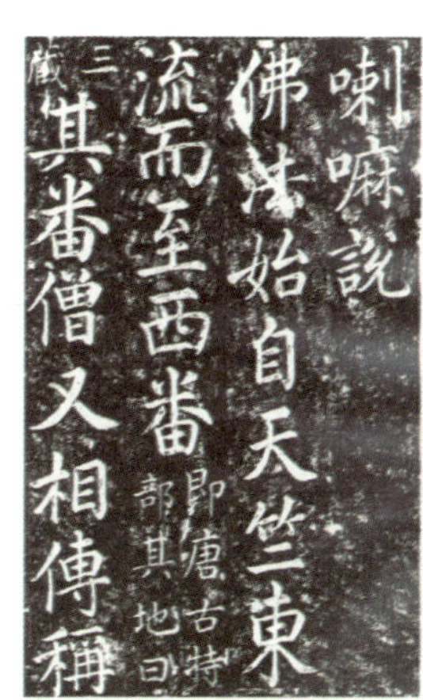

乾隆御笔《喇嘛说》拓片

七 中华人民共和国首都——北京

随着清王朝的解体，中国封建社会结束。1949 年，随着解放战争的节节胜利，中华人民共和国的首都选在何处已经成为人们关注的话题。从古代中国历史来看，北京是辽、金、元、明、清五朝古都，历史上多少个北方民族要想南下中原，必须占据北京这块战略要地。

从近代中国历史来看，在北京出现过“戊戌变法”，在浓厚的封建旧制度的天空中划过一道亮光；在北京发生过影响深远的“新文化运动”和彻底的毫不妥协的“五四”反帝爱国运动，影响全国；在北京最早开始传播马列主义，介绍俄国十月革命；在北京有最早的共产主义小组，加速了中国共产党的创立。由此，中华人民共和国定都北京成为必然结果。

1949 年 3 月 23 ～ 25 日，中共中央从河北平山县西柏坡村途经保定、涿州迁往北平。

中共中央迁往北平后，于 1949 年 9 月 21 日，召开中国人民政治协商会议第一届全体会议。会议通过中华人民共和国定都北平，更名为北京。1949 年 10 月 1 日，在北京天安门广场举行了隆重的开国大典，宣告中华人民共和国中央人民政府成立。从此中国人民受人任意宰割、凌辱的时代一去不复返，中华民族以崭新的姿态巍然屹立于世界民族之林。

李大钊、毛泽东工作过的北京大学红楼

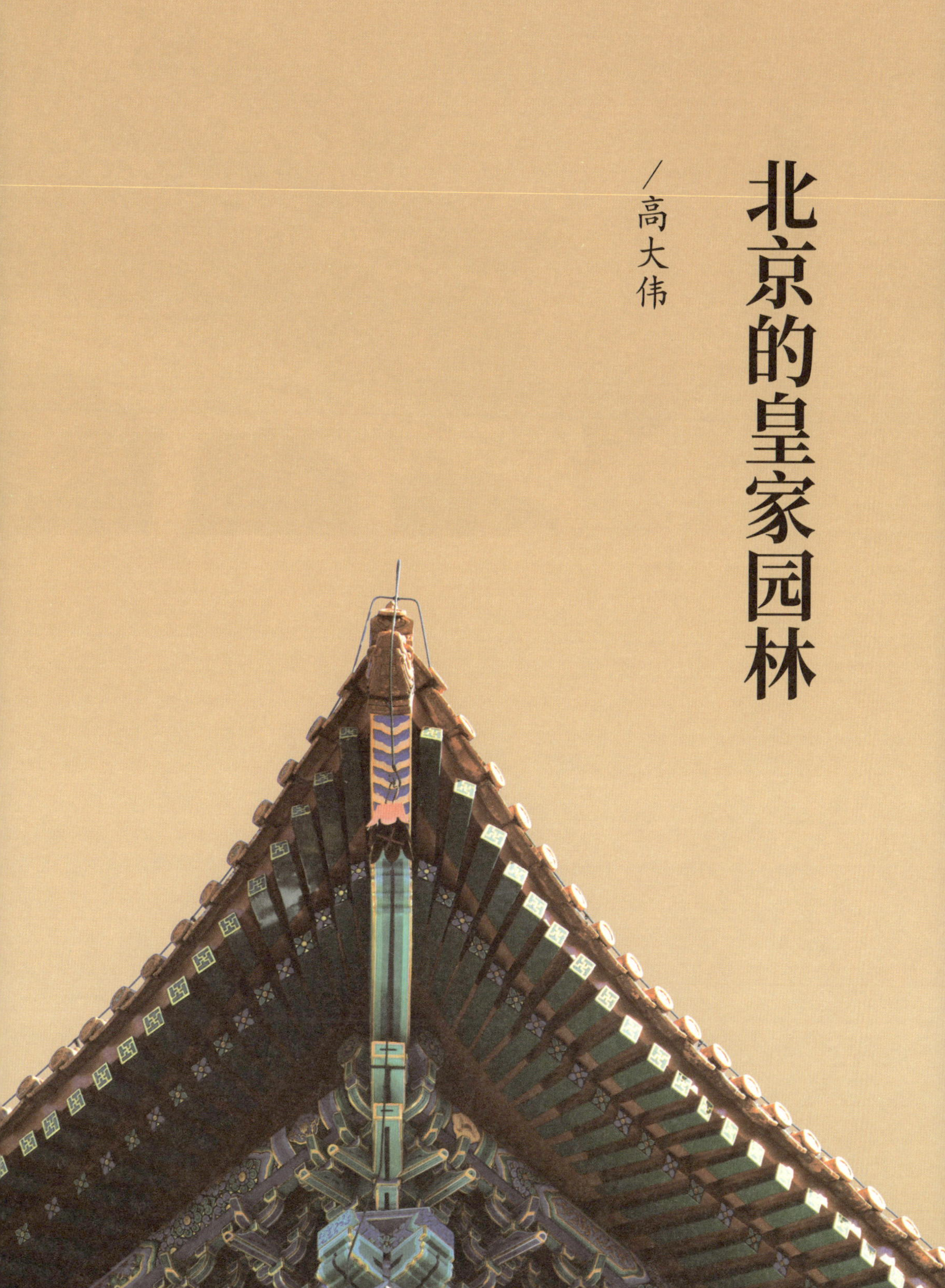

北京的皇家园林

/高大伟

景山公园

引子

北京皇家园林

中华文明的重要象征

北京是一座拥有 3000 多年历史的文化名城，在她博大精深的传统文化宝库中，有一处光耀世界的珍宝，那就是北京的皇家园林。

在我们走进北京皇家园林前，首先要了解一下什么叫园林？一组照片或许可以让我们有一些认识。

它们有山清水秀的景致，有芬芳争艳的百花，有葱茏蓊郁的树木，有巧夺天工的精美建筑，无不令人心旷神怡，超凡脱俗。这些在一定的地段内，利用、改造或开辟山水地貌，结合植物配景和建筑安排创造的可游可居的美好景域、让我们流连忘返的人间仙境，就是园林。我们看到的山、水、树木和建筑就是园林的四大组成要素。世界上由于各民族、各地区人们对风景的理解和偏爱不同，也就出现了不同风格的园林。归结起来，世界上的园林可分为三个系统——欧洲园林、西亚园林和中国园林。

北海公园

皇家园林香山

中国古典园林由中国农耕经济、集权政治、封建文化培育成长，比起同一阶段上的其他园林体系，中国园林历史最久、持续时间最长、分布范围最广，这是一个博大精深而又源远流长的风景式园林体系。按照园林的隶属关系可分类为皇家园林、私家园林、寺观园林。

皇家园林是专供帝王休息享乐的园林，古籍称为苑、苑囿、宫苑、御苑、御园等。古人讲普天之下莫非王土，在统治阶级看来，

圆明园

国家的山河都属于皇家所有。所以，其特点是规模宏大，真山真水较多，园中建筑富丽堂皇、体型高大。现存的著名皇家园林有北京的颐和园、北海公园、圆明园遗址公园和香山静宜园以及河北承德的避暑山庄等。

1998 年，联合国教科文组织将“北京的皇家园林”列入《世界文化遗产名录》，并评价说：

以颐和园为代表的北京皇家园林是世界几大文明之一的有力象征。①

由此可见，在世人眼中，北京的皇家园林不仅是北京历史文化的代表，也是中华文明的重要象征。

---

① 摘自联合国教科文组织：《世界文化遗产名录》，1998 年。

一 金台夕照

开启北京皇家园林最初的霞光

2002 年 12 月，在北京商务区财富中心大厦施工地点，当建筑工人开挖地基时，在地下 2 米处，发现一块巨石，用铲车铲去巨石周边的泥土，仔细一看，原来巨石是一块石碑。文物专家接到报告后立即赶到现场。他们小心翼翼地用毛刷扫净碑面上的泥土，露出了乾隆题写的“金台夕照”4 个大字。这块无意间发现的“金台夕照”刻碑，竟然解开了几十年来的一项重大考古之谜。

相传在帝尧的时候，就设“虞人”的官位来掌管山川、园囿、畋猎之事。舜的时候封伯益为虞官。从最早出现的“囿”“圃”等园林名称，可以看出它们都是打猎、蓄养禽兽和种植花草树木或蔬菜的地方。到了距今三四千年前的殷商时期，生产力得到进一步发展，剩余劳动力增多，奴隶主得以集中大批的人力、物力建造宫殿和园林。信史可证的最早园林是商代的纣王所建的“沙丘苑台”和周朝的开国帝王所建的“灵囿”“灵台”“灵沼”。

最初古人苑囿里建设高台，用于祭祀天神，是崇高的礼仪，此后逐渐发展为供帝王享用的台观园林。囿与台相结合产生了兼作游憩之用的园林雏形。

北京地区有史记载的园林出现在2300年前的燕昭王时期。历史上的燕国实在是一个地处蛮荒之地的小国，经济和文化都不发达，自然不会有出色的园林记载。但这些都因一个人和一座园林改变了。

时间回溯到战国时期，燕国首都蓟城（今北京）被齐国攻陷，几近灭国。为了重振国家，燕昭王拜访了隐居的高人郭隗，希望他推荐贤人来帮助报仇雪耻，郭隗没有立即回答他的问题，而是讲了一个耐人寻味的故事：

古时候，有个国君最爱千里马。他派人到处寻找，找了3年都没找到。一天有个侍臣打听到远方某地发现了一匹名贵的千里马，国君听后非常高兴，就派侍臣带了千金去买。没料到侍臣到了那里，千里马已经害病死了。无奈之下，侍臣用了五百金买回了马骨。

当侍臣把马骨献给国君时，国君大发雷霆，侍臣却不慌不忙地说：“大王不要急，不出半年定会有人把活马送来。”

国君将信将疑，也不再责备侍臣。这个消息一传开，大家都认为那位国君真心爱惜千里马。不出一年，果然从四面八方送来了好几匹千里马。

郭隗讲完这个故事说：“大王一定要征求贤才，就不妨把我当马骨来试一试吧。”

燕昭王听了大受启发，盖了一座豪华庭园，选择了一个吉祥的日子，举行隆重的仪式，恭恭敬敬地把郭隗请到新宫殿居住。昭王每天都要像学生请教老师那样前去探望。燕昭王还在沂水之滨，修筑了一座高台，用来招揽天下贤士；台上放置了几千两黄金，作为赠送给贤士的见面礼。这座高台便是著名的“黄金台”。

正是这个优待贤士的“大广告”，使燕昭王爱贤惜才的名声不胫而走，风传天下，各国才士争先恐后奔赴燕国。其中不乏名士，如武将剧辛从赵国来，谋士邹衍从齐国来，屈庸从卫国来，乐毅从魏国来……可谓人才济济。其中最出名的就是魏国人乐毅。燕昭王拜乐毅为亚卿，请他整顿国政，训练兵马。

燕昭王在乐毅等人的辅助下，兢兢业业地奋斗了 28 年，不仅国家日渐殷富，积累了相当实力，而且蓄养了奋发图强的民风。燕国上下同仇敌忾，举兵伐齐，旗开得胜，接连攻夺齐国 70 余城。

燕昭王终使燕国跻身“战国七强”之列，步入黄金时代。盛世兴园林，北京皇家园林发展进入了第一个高潮。有文献记载的就有黄金台、碣石宫、展台、燧林、握日台、华阳台、宁台、元英、历室、东宫池以及督亢地区风景区等。

当时乐毅写给燕昭王的报告中有一段话道：“珠玉财宝车甲珍器尽收于燕，齐器设于宁台，大吕陈于元英，故鼎反乎历室，蓟丘之植于汶篁。”意思是把齐国的好东西都抢回燕国的皇家园林里了。

燕昭王“致贤兴燕”的战略思想、“筑黄金台揽士”的创新举措，也被后世传为美谈。比如：唐代有两位大诗人来到北京登台怀古。一位是李白，他写了一首五言诗颂扬这段千古佳话：

燕赵延郭隗，遂筑黄金台。据辛方赵至，邹衍复齐来……

另一位是陈子昂，他写出了著名的《登幽州台歌》：

前不见古人，后不见来者，念天地之悠悠，独怆然而涕下。

金代时也仿古修过黄金台。到清朝时，传说中的黄金台位置就有七八处。一日乾隆皇帝到朝阳门外关东店苗家地校场阅兵，看到了一个奇异景色，夕阳西下，天地渐暗，唯有一缕阳光照在校场中的高台上，金光灿烂。于是乾隆皇帝就把“金台夕照”碑立在了这里。实际上这本是一种自然现象，校场高台地势较高，每年春分、秋分前后，夕阳西下时会有一段太阳光线照到这个地方。

今天，“金台夕照”已经成为北京地铁 10 号线上一个充满诗意的站名。后来挖掘出来的乾隆御制碑，静静地伫立在朝阳门财富中心大厦庭院里。“黄金台”的确切位置也许并不重要，重要的是设台的象征意义，是古代兴国靠人才的思想智慧，正如碑后诗云：

要在好贤传以久，何妨存古托其中。

二 琼岛春阴 撰写北京皇家园林的全新篇章

位于北京中心的北海公园，建园已有 830 多年的历史，是我国也是世界上现存历史最悠久、建筑格局最完整的古代皇家园林。其前身为金大定十六年（1176 年）始建的大宁宫，而现有的格局则定型于清乾隆朝，较完整地保留了当时的风貌。

北海公园南岛北水，以琼华岛为中心，岛上的白塔为全园最高点；在琼华岛的东坡，有一块乾隆皇帝亲笔题书“琼岛春阴”的石碑，碑文中发出“摩挲艮岳峰头石，千古兴亡一览中”的感叹。那么艮岳是怎么回事？琼华岛又与国家兴亡有什么关系？

时间要追溯到宋金时期。那时，北京虽然也有很多皇家园林，但多是自然风景和寺庙行宫的组合，园林艺术水平不高。但统治黄河以南的北宋王朝的园林发展则进入了一个相对成熟的阶段。在这一阶段，文人墨客的地位凸显，诗歌绘画的发展使得文人园林随之兴起。皇家园林也受到文人园林的影响，出现了更接近私

琼岛春阴石碑

家园林的倾向，冲淡了象征皇权的皇家气象。从表面上看，北宋政权采用较为开明的政治体制，施行文化宽容政策，各种思想相互交融。皇帝做出亲民姿态，皇家园林不再仅服务于皇帝，而是定期向社会开放。

这一历史时期的代表性作品，就是宋徽宗所筑的艮岳。艮岳改变了秦汉以来“一池三山”[①]的仙苑造园模式，将文人的诗情画意引入园林，进行山水创作；用单纯的游赏性，取代了前代朝会、仪典、居住的功能。

“艮岳”以掇山置石而闻名。假山堆叠形象生动，优选千姿

①《史记》记载秦始皇修建“兰池宫”时为追求仙境，就在园林中建造一池湖水，湖中三岛隐喻传说中的蓬莱、方丈、瀛洲三神山。“一池三山”是中国一种园林模式，并于以后各朝的皇家园林以及一些私家园林中得以继承和发展。

百态的石料，犹以太湖石、灵璧石为多。在假山的设计上，将绘画中的皴法融合进去，运用卷云皴或解索皴堆湖石山，斧劈皴或折带皴处理黄石山。总之，围绕雅兴、趣味、意境而展开，去其豪华，就其巧雅，达到飘逸和超凡脱俗的境界，使叠山、理水、花木、建筑完美结合，具有浓郁的诗情画意。

艮岳能取得这样的艺术成就跟宋徽宗有密不可分的关系。当时，皇帝要兴建一座盖世无双的园林，对于百姓和国家而言是一场灾难。北宋崇宁四年（1105 年），为了最大的园林建设工程——艮岳，宋徽宗在苏州设置了一个叫应奉局的专门机构，苏州人朱勔，于山石素有心得，被蔡京推荐来管领该局，专事在东南江浙一带搜罗奇花异木、嶙峋美石。花石到手后，多经水路运河，千里迢迢，运往京城汴京（今河南开封），10 船一组，称作一“纲”，这是“花石纲”名称的由来。

后来，“大率太湖、灵璧、慈溪、武康诸石；二浙花竹、杂木、海错；福建异花、荔枝、龙眼、橄榄；海南椰实；湖湘木竹、文竹；江南诸果；登莱淄沂海错、文石；两广、四川异花奇果”，都是搜求强夺的目标，侵扰范围之广，亦远不止于东南一带了。

为保障“花石纲”的运输，关系国家民生之重的漕运都被占用，漕船和大量商船也都被强征来运送花石。朱勔等人，只要听闻何方何处何家有奇石异木，不惜破屋坏墙，践田毁墓，致使天下萧然，民不聊生。

宋徽宗本人对此事的痴迷程度令后人惊叹。文献中提到：

有一安徽灵璧县产的巨石，用大船运往京师，需拆毁城门方能进入，上千人都搬不动，入城之后，徽宗大喜之余，御笔赐名

"卿云万态奇峰"，并悬金带于其上。更有甚者，宣和五年，太湖所产一石，高六仞，百人不能合抱，徽宗得石喜极，竟封石为侯——曰"盘固侯"。①

华亭有一株唐朝时期栽种的古树，朱勔等看中后，因枝干巨大，无法通过内河桥梁，只能改由海运，结果是"舟与人皆没"，树与人都葬身大海，酿成一起大树进城的古代悲剧。

"花石纲"之祸前后延续 20 多年，给东南苏浙一带人民造成极大的灾难，也成为激起方腊起义的重要原因之一。

方腊起义之后，钦宗靖康元年（1126 年），金国大军南下进攻北宋。第二年，首都陷落，金兵将徽、钦二帝，连同后妃、宫女、皇亲国戚、官员、工匠、艺伎等 14000 余众，驱虏北上，建成未到 5 年的艮岳，也毁在这场战乱之中。北宋王朝至此灭亡。

金朝为巩固南下的成果，于金贞元元年（1153 年）迁都北京城，建立了金中都。金人此时正处于由游牧经济向农耕经济的过渡阶段，对汉族文化艺术的渴望溢于言表。金海陵王决定南征，谈到临安（杭州）风物时，触景生情，赋诗道：

万里车书尽混同，江南岂有别疆封？提兵百万西湖上，立马吴山第一峰！

志在"天下一家"的情绪，益显激越豪迈。他征伐南宋的理想虽

① 出自【宋】方勺《泊宅编》卷三："平江府朱勔造巨舰，载太湖石一块至京，以千人舁进…… 遂为威远军节度使，而封石为磐固侯。"

北海的水泊

然没有成功，但他的继任者金世宗则决定将北宋第一名园移植到中都琼华岛。

北海的水泊，原为永定河故道积水而成。辽代便在此兴“瑶屿行宫”。金大定十九年(1179 年)，于此挖湖叠山，建造大宁离宫。当时把挖“金海”的土堆积、扩充成岛屿和环海的小山，岛称“琼华岛”，水称“西华潭”，并重修“广寒殿”等。

琼华岛的园林布局和意向完全仿效艮岳，堆叠的山石全部取自艮岳，特别是工艺和技术也全部传承于北宋的艮岳。这是中国皇家园林发展重心北迁的一个重要标志，由此北方皇家园林在全面学习和继承中国古典园林成果的基础上，开启了新的篇章。

元代，世祖忽必烈住于岛上，改岛名为“万寿山”，改湖名为“太液池”，并以此为中心兴建元大都。当时，意大利著名旅行家马可·波罗，曾应邀游览该苑。他对苑容景观惊叹不已，盛赞中国人“造化自然”的伟大才能。后来，他以此苑为范例，在《马可·波罗游记》中，向西方世界热情地介绍了中国的皇家园林和自然山水园林的高超艺术成就。

金中都的繁华和高度的商业化以及对汉文化的向往，刺激了帝王、贵族对风景区的需要，金代成为北京皇家园林大发展的第二次高峰。当时北京众多优美的山湖水域，在金中都存在的短短63 年中都得到了全面开发，为今天的北京留下大量名胜古迹。

今天尚存的北海、香山、钓鱼台、玉泉山、陶然亭、玉渊潭等，都是当年金朝皇帝的离宫别苑。人们所津津乐道的燕京八景：太液秋风、琼岛春荫、西山晴雪、卢沟晓月、玉泉垂虹等也是从金朝开始的。

玉渊潭公园

三

三山五园

成就北京皇家园林的最后辉煌

公元 1644 年，来自中国北方的一支游牧民族开始南下。铁骑越过长城，象征着皇权的紫禁城落入满族人之手。中国历史上最后一个封建帝国——清朝，开始了。

清朝的城市格局完全沿用了明代的北京城，没有做太大的改动，即便紫禁城内，也只是对建筑做了些重修和局部小范围的复建、增建。清代最重要的城市建设则是对北京西北郊的大规模开发，建造了规模空前、华丽宏伟的离宫别院，也就是通常所说的“三山五园”。这场造园运动延续了 200 多年，成就了当时世界上规模最大的“皇家园林城市”。

由于清朝统治者入关以前在东北过着游牧生活，那里冬季是林海雪原，夏季气候凉爽。入关后，他们对北京盛夏干燥炎热的气候很不适应。紫禁城虽金碧辉煌、宏伟壮丽，但清朝皇帝感到那里呆板憋闷。为了防火，也为了防止宫廷暴乱，在紫禁城砌了

高高的宫墙。皇宫里院院相套，溪沟水流过于平缓，几乎成了死水。以至于当时皇城曾有“红墙、绿瓦、黑阴沟”之称。第一位进京的皇帝顺治就多次要另建新城，但百废待兴，实在没有能力再开新城。直到康熙中叶，三藩平定、台湾归附，政局渐稳，早已厌倦深围高墙生活的康熙帝才如愿以偿，以“避喧听政”的名义，迫不及待地宣布在西北郊兴建皇家园林。

选择西北郊建设园林，主要原因是这里的自然环境优美。北京的西北郊素有“神京右臂”之称的西山，峰峦连绵，自南趋北，余脉在香山的部位兜转而东，拱列于北京的西北面。在它的腹心地带，两座小山岗双双平地突起，这就是玉泉山和万寿山。它们附近泉水丰沛，湖泊密布，形成有如江南的秀美自然景观。

早在辽、金时期，香山、玉泉山就有了皇家行宫别苑的建置。作为自然风景区，吸引了众多游人，佛寺道观间布其中，文人墨客吟诗徜徉，积累了深厚的文化底蕴，明代文徵明[①]曾诗赞“十

---

① 文徵明（1470 ~ 1559 年），原名壁（或作璧），字徵明，明代杰出画家、书法家、文学家。

万寿山

里青山行画里，双飞白鸟似江南”。这些都是康熙皇帝选择此处的重要因素。明代此处就有大量的权臣戚贵营建私园，满清皇帝在其旧址兴建新园，也有良好基础。

康熙首先是在香山寺旧址扩建香山行宫，然后又在玉泉山南麓建成“澄心园”，后改称“静明园”。这些都是康熙偶一游幸的场所，真正长期居住具有离宫御园性质的是畅春园（今北京大学校园西侧仍有原园东部的恩慕寺、恩佑寺的山门遗存）。

畅春园建成于康熙二十六年（1687 年），根据《起居注》记载，一年中的大半时间康熙都在园中听政，此处成为真正的政治中心，皇帝只是在年节等具有象征性的时间段内才回到紫禁城。同时为了上朝方便，在其附近又出现了许多皇亲权贵的别墅、赐园。从此以后，清代历朝皇帝园居成为惯例。

畅春园吸收了康熙首次南巡所见到的江南园林的诸多成果。奉职内廷的江南籍画家叶洮参与规划，江南的叠山名家张然主持叠山工程，拉开了“康乾造园”的序幕。

圆明园在雍正未即位时作为其赐园存在，其即位后扩建成了雍正朝的离宫御园，后朝保留其地位而有所增改，一直到咸丰十年（1860 年）被英法联军焚毁。雍正在位时间不长，只兴建了圆明园这一座园林，此时的畅春园失去了离宫御园的属性，成为奉养太后的场所。乾隆即位之后先后并入了长春园、绮春园。

到了乾隆十四年（1749 年），在北京的西北郊一带，已由东向西建起了圆明园、畅春园、静明园、静宜园 4 座大型皇家园林。这 4 座园林自成体系，相互间缺乏有机联系。于是乾隆皇帝把目光锁定在玉泉山东面的一座小山上。

这座山因其山形似瓮，被称为“瓮山”，在它的南面还有一个大湖，被称为“瓮山泊”；瓮山泊明朝时又改称“西湖”。乾隆看中了这里山水相依的环境，决定在这一山一湖的基础上建造一座新的园林，并以此为中心把两边的 4 个园子连成一体，形成皇家园林区。

这座新园林兴建至第二年，恰是乾隆母亲的 60 寿辰，乾隆准备把这里作为给母亲祝寿的主要场所，于是他将瓮山改名叫“万寿山”，把西湖改名“昆明湖”，又将这座园林命名为“清漪园”。

但是，由于工程浩大，乾隆母亲的寿辰都过了，清漪园还没有完工，直到乾隆二十九年（1764 年），清漪园才最终建成，前后共用了 15 年时间。至此，京城西北郊形成了“三山五园”的格局。“三山”即香山、玉泉山、万寿山，“五园”即静明园、静宜园、清漪园、圆明园和畅春园。这是一座规模宏大的皇家园林集群，其中最大的圆明园占地500余公顷，最小的静明园也有65公顷。这些园林加上周围的私园、赐园，在西起香山、东到海淀、南临长河的辽阔地域内，极目所见都是馆阁联属、绿树掩映的名园胜苑，成为世所罕见的皇家园林特区。

与当时南方多为私人所有、讲究小巧雅致的江南园林相比，“三山五园”在整体建筑风格上更注重宏大辉煌，处处显示出雍容华贵的皇家气派。然而，就是这样一片规模宏大、如诗如画的皇家园林，在咸丰十年（1860年）却惨遭英法侵略者的洗劫，无数雕梁画栋在大火中化为瓦砾废墟，盛极一时的“三山五园”由此沉寂下来。

直到1886年，皇太后慈禧重建一座皇家园林，也就是我们现在所看到的颐和园。虽然颐和园的规模比当年整个皇家园林区要小得多，但从它的身上，我们仍然可以依稀感受到那时“三山五园”的宏伟气魄。

圆明园遗址公园

四 一池三山

凝结古老神话与审美哲学的园林模式

文化美是中国园林的精华与核心。中国园林应该说是“文人园”，其主导思想是文人思想，其表象特征就是诗情画意，讲求避开喧嚣、寄情山水。

北京皇家园林多以山水为兴建框架，广阔水面的划分也进行了艺术的分隔。从现有的一些园林来看，如颐和园、圆明园，由北海、中海和南海组成的皇城西苑，它们的山水布局都有一个重要特点，就是水域与岛屿的布局集中体现了刻意模仿“瑶台三仙山”的意境。那么，这“一池三山”园林模式代表的文化寓意，就要从中国古代神话传说以及道家思想对皇家的影响说起。

中国古代的神仙境地来源于两个神话系统：一是西北山岳文化的神山神话；二是东部沿海海洋文化的海岛神话。战国时期，沿海的燕、齐、吴、楚等国就已形成“海中三神山”的传说。

传说，渤海东面有“蓬莱”“瀛洲”“方丈”三座仙山，山上住有神仙，藏有长生不老药。公元前 221 年，秦始皇统一六国后，神仙方术活动开始繁盛起来，尤其在统治阶层中风行。据《史记》记载，秦始皇（公元前 221 年 ~ 公元前 210 年在位）妄想长生不老，派方士徐福等带童男童女数千人，渡海找三座“仙山”，寻长生不老药，结果不但没找到，连人也不敢回来了。秦始皇无奈，便在兰池宫建百里长池，筑土为蓬莱山，刻石为鲸，长 200 丈。

到了汉朝，汉武帝重蹈覆辙，仍未找到仙山，于是降旨在建章宫后挖一个大水池，取名“太液池”。将挖出的泥土在池中堆了三座山，象征蓬莱、瀛洲、方丈。这是中国历史上第一个具有完整“三仙山”的仙苑式皇家园林，从此以后，“一池三山”模式成为后世造园活动中掇山理水的范式，一直沿袭到清代。

西苑三海继承了这个传统。北海、中海和南海象征太液池，琼华岛如“蓬莱”，团城为“瀛洲”，中海“犀山台”似“方丈”。今天我们不仅能看到琼华岛上犹如仙境的亭台楼阁，而且还能看到神人庵、吕公洞以及铜仙承露盘等传说中的仙岛景物。

另一个代表是颐和园，它以昆明湖和万寿山为主体，山水相配。昆明湖仿造杭州西湖，设置了西堤，湖中有三个岛，形成“一池三山”的景象，是仙苑式皇家园林的体现，与佛香阁遥相辉映。主要建筑群位于万寿山南坡中轴线上，沿轴线对称布置，这也是全园中心；其中制高点佛香阁作为构园中心，控制全园布局。既是视觉中心，向下俯瞰有“一览众山小”的视觉效果；同时也是向上仰视的主要视觉焦点，是“看与被看”的体现。在中轴线上，建筑由高到低排列，进一步强化了中轴线的作用和帝王的权威。

“一池三山”的模式对宫苑以外的园林也有着深远的影响。如扬州曾有“小方壶园”，苏州留园有“小蓬莱”，杭州三潭印月景区有“小瀛洲”等，虽无皇家园林宏大的规模，但或取意或布局上都多少反映着“一池三山”的园林模式。

“一池三山”对东南亚及其他国家园林也产生了很大影响。西汉以来，中国文化通过朝鲜半岛传入日本。盛唐时期，使节、学者频繁往来，园林建筑的风格和技术传入日本，据德国园艺家玛丽安娜·鲍榭蒂（Malianne Beuchett）所著《中国园林》载：

日本奈良小垦田出土的有关唐朝的园林中，表现出许多中国园林的传统要素。

14 世纪朝鲜王朝时期建造的汉城（今首尔）景福宫，池中蓬莱三岛和爱莲池、爱莲亭以及汉字的提名刻石，亦同中国的传统园林如出一辙。“一池三山”园林模式的对外影响由此可见一斑。韩国景福宫、昌德宫、昌庆宫等皇家园林，都是“一池三山”“前宫后苑”“前朝后寝”等形制建筑，呈现出以自然山水为骨架的中国式园林建园特征。

“一池三山”园林模式之所以有如此大的文化魅力，有其深刻的文化根源在其中。它产生、演化和发展的历程，是道教在中国产生、发展及影响的结果。道教是中国土生土长的宗教，它与儒、佛并称“三教”，成为中国文化的重要组成部分。道教尊老子为教主。在哲学上，老子以“道”为最高范畴，认为“道”是宇宙的本源而生成万物，亦是万物存在的根据，指出：

道生一，一生二，二生三，三生万物。

后来，庄子继承并发展了老子“道法自然”的思想，他认为自然界本身是最美的，即“天地有大美而不言”。中国园林之所以崇尚自然、追求自然之境趣，不仅仅在于对自然形式本身美的模仿，更在于对潜在自然之中的“道”与“理”的探求。

由此可见，道家的自然观对中国古代文学艺术的形成发展、对其民族特色的形成，产生了极为重要的影响。道家思想讲求崇尚自然、逍遥虚静、无为顺应、朴质贵清、淡泊自由、浪漫飘逸。于是，在其影响下，以自然仙境为造园艺术题材的园林便应运而生，为“一池三山”园林模式的形成与发展提供了良好的基础。

中国园林的发展模式同时受到“诸子百家”的影响。“仁者爱山、智者乐水”。古人喜欢山水，寄情山水，把山水视为仁义与智慧的象征，所以“无山水、不成园”，这也正是“一池三山”这种园林模式经久不衰的原因。从传统的审美心理看，“一池三山”模式的布局，则要求同亦不同、变化而有规则：

以一池为本底，三座山岛体量不一、高低不同，往往大者居中（但不居正中）、次大者远离、最小者附之，常呈三角形布局，趋向均衡稳定。

五

圆明盛景

包容多元文化的万园之园

2009 年，国际知名拍卖行佳士得宣布，于 2 月 23~25 日在法国巴黎大皇宫举行名为“伊夫 · 圣罗兰与皮埃尔 · 贝杰珍藏”的专场拍卖。其拍品超过 700 件，其中包括 1860 年被英法联军自圆明园掠走、流失海外辗转多年的鼠首和兔首铜像，拍卖估价均为 800 万 ~1000 万欧元，总价高达 2 亿元人民币。

也许有人要问，是什么样的国宝，能卖出 2 亿元人民币的高价呢？

让我们一起走进历史，走进圆明园，探寻十二生肖兽首铜像的故事……

圆明园的由来与清康熙皇帝密切相关。据说，有一天日理万机的康熙皇帝，来到郊外的清华园残址，捧饮一口湖水，甘冽沁脾，顿觉爽怡，便将其原址重新改建为湖光潋滟、花木葱翠、殿阁金碧、步步有景、四季陶然的畅春园，取名“畅春”，自有春风得意之态。

每年暖春及盛夏，他都来此“避喧听政”。后来，他还分别为相继长大的各位皇子藩邸赐园。而四子胤禛的藩邸赐园就造在畅春园北邻。这就是康熙御书园额，后经雍正、乾隆、嘉庆、道光、咸丰等诸朝150年不断增修扩建的世界“万园之园”——圆明园。

“圆明”两个字在字义上是“圆融和普照”，意味着完美和至善。事实上这个名字是佛语，康熙并未作出过多解释。胤禛爱好佛学，就自号“圆明居士”。他继承皇位后，年号雍正，自认为也像父亲那样“夙夜孜孜”，勤于政事。3年后，大规模添建增修园内建筑，感到“万象毕呈，心神爽旷”，便对父亲赐园“圆明”二字做深入思量，才感到“意旨深远，殊未易窥”。就翻古书，忆所学，将二字拆开，逐意深思。悟出：“圆”的精义达到儒家神妙境界，一个有才德之人行事立身就能做到既无过，又无不及；“明”的精义达到儒家神妙境界，一个知命通达的显贵之人就能时时处处洞悉万物，英明而有远见。再把二字合起，眼前一亮：“圆明”是一种品德，也是一种境界，更是一种帝王为君治国的理念。具体到自己来说，就是修业进德，就是感恩先人，就是施恩于民，就是福利百姓，也就是五行之说中四季的旺气。父亲康熙用“圆明”二字命园，就是让我自勉身心，体会天意，不忘圣诲，含味咀嚼，培养精神，不求自安而图天下稳定，不为自乐而谋百姓康泰。因此必须践行圆明之德，以保卫江山社稷与人民福祉来报答父亲垂祐之恩。

雍正死后，乾隆继位。他敬佩父亲雍正对爷爷康熙赐题“圆明”二字的精辟阐释与深刻理解，秉持不求自安而图天下稳定、不为自乐而谋百姓康泰的为君理念，践行圆明之德；并认为这是康熙为后人留下的一份功业，一种财产，应该发扬下去，“垂祐于无穷”。

于是圆明园也就在雍正增建的基础上，又大事扩建，先是由雍正28景扩建成圆明园40景，后又增建了长春园、绮春园（万春园），巨丽奢华而达极盛。三园紧相毗连，通称“圆明园”。整个园区东西长2620米，南北长1880米，共占地350公顷(约5200余亩)。

雍正、乾隆、嘉庆、道光、咸丰五朝皇帝，都曾长年居住在圆明园，于此举行朝会、处理政事，它与紫禁城（故宫）同为当时的全国政治中心，被清帝特称为“御园”。全园共有108处景点，每一个景点的命名都像以“圆明”二字命名一样，有着对中国千年文化和历史的感悟与诠释。乾隆皇帝曾称圆明园：

实天宝地灵之区，帝王豫游之地，无以逾此。

圆明园在世界园林建筑史上也占有重要地位。其盛名传至欧洲，被誉为“万园之园”。法国大文豪雨果于1861年有这样的评价：

你只管去想象那是一座令人心神往的、如同月宫的城堡一样的建筑，夏宫（指圆明园）就是这样的一座建筑。[①]

圆明园，不仅以园林著称，而且也是一座皇家博物馆，收藏极为丰富，堪称文化宝库。雨果曾说：

即使把我国（法国）所有圣母院的全部宝物加在一起，也不

① 郑若麟：《雨果怒斥当年英法侵略军劫掠焚烧圆明园的罪行》，载于《圆明园》学刊1984年第3期。

能同这个规模宏大而富丽堂皇的东方博物馆媲美。[①]

园内陈设豪华精美，收藏有大量的艺术珍品。据目睹过圆明园的西方人描述，“园中富丽辉煌之景象，非予所能描色揣称，亦非欧洲人所能想见”。“各种宝贵的珍品，均积聚于此皇家别墅，千门万户之中。”上等的紫檀雕花家具、精致的古代碎纹瓷器和珐琅质瓶盏，织金织银的锦缎、毡毯、皮货，镀金纯金的法国大钟，精美的圆明园总图，宝石嵌制的射猎图，风景人物栩栩如生的匾额，以及本国其他各种艺术精制品和欧洲的各种光怪陆离的装饰品，应有尽有。

圆明园内收藏有极为丰富的图书文物，现仅举几例。文源阁，是仿照宁波范氏天一阁而建的藏书楼，为著名的皇家北四阁之一，建成于乾隆四十年（1775 年）。阁中收藏乾隆钦定《四库全书》和康熙《古今图书集成》各一部。

《四库全书》，是我国古代最大的一部综合性丛书，收书 3400 余种，有近 8 万卷，36000 余册。体现了我国的古代文明，显示了中华民族的伟大气魄。因《四库全书》篇帙浩瀚，当时又择其尤要者，编成《四库全书荟要》，计 12000 册。《四库全书荟要》共抄两部，一部藏在故宫摛藻堂，另一部收藏于长春园含经堂的东厢“味道腴书室”。

淳化轩是位居长春园正中的主体建筑，建成时适逢《重刻淳化阁贴》竣工，遂将刻板嵌于左右廊的廊壁上，并由此得名。《重

① 郑若麟：《雨果怒斥当年英法侵略军劫掠焚烧圆明园的罪行》，载于《圆明园》学刊 1984 年第 3 期。

刻淳化阁贴》刻板 144 块，共 10 卷，汇集历代名家 99 人的真迹；刻成后又拓 400 部，分赐皇室宗亲、大臣以及直隶、山东、浙江各行宫和名胜地。淳化轩因此成为北京地区著名碑林。《淳化阁帖》原是北宋淳化三年（992 年）摹刻的，包括王羲之、王献之乃至苍颉、夏禹、孔子等 99 人的书法名迹。帖分 10 卷，是我国第一部大型丛帖，被誉为诸帖之祖。乾隆年间，根据《淳化阁帖》的北宋"初拓赐本"，经过精审更定之后，进行钩摹刻石。历时 3 载，至乾隆三十七年（1772 年）春，将所摹刻的 144 块帖版，镶嵌于淳化轩前的 24 间左右回廊之中。这就是著名的《钦定重刻淳化阁帖》。

遗憾的是，圆明园被劫毁时，园内收藏的《四库全书》《四库全书荟要》《古今图书集成》《淳化阁帖》摹版等珍贵图书文物，都未能幸免于难。

在对圆明园文化价值有了初步了解之后，我们再来继续探寻十二生肖兽首铜像的故事。

在增建长春园时，乾隆皇帝闲来翻阅图书，看到一本绘有西方宫殿的图书。书上所绘的西洋石造建筑宏伟大方，尤其是那喷水池，精巧奇妙，乾隆皇帝决定在圆明园内也建造此类宫殿。乾隆皇帝把这个任务交给了宫廷画师郎世宁。郎世宁是位了不起的艺术家，他的原名叫朱塞佩 · 伽斯底里奥内，意大利人。康熙皇帝在位的时候，他作为天主教耶稣会的修道士来中国传教，在中国生活了 45 年，历经康、雍、乾三朝，受到三位皇帝的重用。郎世宁进入宫廷后，成为一名宫廷画师。他带来了西洋绘画技法，向皇帝和其他宫廷画家展示了欧洲明暗画法的魅力。此外，他还是一位艺术上的全面手，人物、肖像、走兽、花鸟、山水无所不涉，无所不精。他的《聚瑞图》《嵩献英芝图》《百骏图》《弘历及后妃像》《平定西域战图》等都是非常好的作品。但是郎世宁最大的成就，最为后人铭记的地方，是他作为“海晏堂”的总设计师，参与了“万园之园”圆明园西洋楼的建筑设计。

皇帝派蒋友仁来协助他。蒋友仁是名法籍神父。他既是数学家，又是天文学家，同时还精通水力学知识。蒋友仁设计的作品，是一座别具西洋风格的报时喷泉，全称是“十二生肖报时喷泉”。即“水力钟”。这座“水力钟”位于海晏堂的大门口，因其构思奇特，灵气十足，深得乾隆皇帝喜爱。

十二生肖兽分列在喷水池两旁的石台上。南岸分别为子鼠、寅虎、辰龙、午马、申猴、戌狗；北岸则分别为丑牛、卯兔、巳蛇、未羊、酉鸡、亥猪。12 尊雕像都是兽首人身，身子则是用石头雕刻的。喷水池的正中，是一座高约两米、用三块巨石雕成的蛤蜊，远远望去像一朵盛开的莲花。那十二生肖铜像的每个动物都是一个喷泉机关，每到一个时辰，相应的动物口中就会喷水。古人的一个时辰是两个小时，12 个时辰正好是 24 小时。子时到了，“老鼠”口中就会开始喷水，而一到丑时，“牛”就开始喷水，“老鼠”就可以休息了，它们实行的是“换班制”。正午时分，全部出动，一起喷水，景象蔚为壮观，显示出设计师巧夺天工的手笔。

乾隆盛世，清王朝国力强盛，工艺水平处于巅峰，圆明园十二生肖兽首铜像自然也不会逊色。它们所用的铜，系专门为宫廷所炼制的合金铜，含有许多贵重金属，与北京故宫、颐和园陈列的铜鹤等所用的铜是相同的。这种铜颜色深沉，内蕴精光，历经多年风雨都不会锈蚀，堪称一绝。制作这些兽首的都是专门为皇帝服务的宫廷造办处的工匠们，他们有着丰富的工作经验。铜

圆明园毁后

像上像动物绒毛等细微之处清晰逼真，鼻、眼、耳等重点部位及鼻上和颈部褶皱皆刻画得十分细腻，不见一丝马虎。

总体而言，圆明园确实是一座中华文化宝库。它集我国几千年优秀造园艺术之大成，把我国古代园林建筑推向一个新的高度。

六 西天梵境

皇家园林中的佛教文化

有一首大家耳熟能详的歌，“让我们荡起双桨，小船儿推开波浪，海面倒映着美丽的白塔，四周环绕着绿树红墙……”这首创作于1954年的电影《祖国的花朵》的插曲《让我们荡起双桨》，历经半个多世纪，传唱至今。这里讲的美丽白塔就是指北海中的白塔。

北海白塔，位于北海公园琼华岛顶部。它是清顺治皇帝应西藏喇嘛（后赐号恼木汗）之请，在元代广寒殿旧址上修建的，顺治八年（1651年）落成。因属于永安寺范围内，亦称“永安寺白塔”。北海白塔为藏式喇嘛塔，建于两层崇台之上，由须弥座型基座、覆钵式塔身、相轮、塔刹组成，塔座边长17米，塔身总高35.9米，塔顶标高112.4米，曾为当时北京城内最高点。由于北海白塔形制的特殊以及居于全园制高点，使它不仅成为北海公园的标志性景观，且长期被当作北京的象征图景，名扬海内外。

北海白塔

清朝刚一定都北京，就在皇家园林的制高点上设置佛塔，有什么象征意义吗？这一创举又对皇家园林的建设有什么影响？

佛教于世界三大宗教之中历史最为悠久。佛教自东汉传入中国以后，其间经历代高僧大德的弘扬提倡，许多帝王卿相、饱学之士也都加入这个行列，终于使佛教深入社会各个阶层，与儒、道相结合，形成了中华文化的主流之一。佛教对蒙藏等少数民族影响也非常大，藏传佛教在蒙藏地区占有绝对的统治思想地位。在清军入关后的一段时间内，藏传佛教的地位非常重要，康熙皇帝一度把藏传佛教定为“国教”。他曾一语道出天机——“兴黄教、柔蒙藏”，目的不是纯粹的信仰，而是政治。因此北海白塔的建设既有宗教意义，也有政治意义。

从建筑美学的角度看，北海白塔是宗教建筑与园林景观巧妙结合的典范，在这组层层叠叠、逐级上升的建筑群不断升华的过程中，白塔成为辉煌壮丽的顶点。远远望去，亭亭玉立的白塔，犹如一位银装素裹的少女，伫立在山巅之上，倒映于湖水之中。宗教建筑作为园林名胜的点缀，审美价值远胜于初建者寄予它的宗教意义。

北京皇家园林的景观经营意向中所表达的功能性、美学性、象征性，是清朝政府展示其政治形象、治国手段的重要内容。因此，从北海白塔大永安寺建设开始，北京皇家园林的建设就都蒙上了浓厚的佛教文化色彩。随着对北京西北郊的开发，大型皇家园林相继出现，这些园林通过“写仿”等手法，将代表汉传佛教文化的“七堂伽蓝式”[①]建筑，代表西部边疆文化的藏传佛教建筑等精心组合，最终形成了能够代表清帝国形象的新景观。“三山五园”以佛香阁为统领，以玉泉山、五塔和香山诸寺相呼应的佛国天堂般的园林景观就是最好的体现。

为迎接六世班禅到来而建的昭庙，在西山的景观转换方面起到了强有力的作用，并加强了其所在园林——香山静宜园的宗教、政治象征意义。昭庙所在的香山静宜园位于北京西山。乾隆十一年（1746 年）在康熙香山行宫的基础上建成静宜园，之后几十年间园内园外的建设不断。其中最显著的特点就是在香山及其周

① 中国汉传佛教建筑形制，形成于唐、宋时期，明、清时期，演变成为由山门、天王殿、大雄宝殿、后殿、法堂、罗汉堂、观音殿等常规建筑组成的寺院。

边修建了大量的官修藏传佛教建筑，这使得香山附近、太液池、圆明园及周边成为乾隆时期三处北京藏庙建设最密集的区域。

北京西山在地理上起到了北京城西部边界的作用，也在景观上成为整个北京城的背景。从金代开始，以香山寺为代表的大量宗教建筑在西山范围内建立，浓厚的宗教气息和自然环境相互辉映，使西山地区成为北京郊野最负盛名的景观。清代在以香山为中心的西山范围内建立了八旗营房，与原有的汉族村落交错排列，其中还有苗子营、番子营等少数民族聚居区。八旗营房范围内，有大量为了军事功能而仿照西南金川而建的藏式碉楼、以及以藏式方圆庙为代表的多座藏庙。加之大量官修藏传佛教寺庙的建立，独特的军事景观和多民族混合居住的风物，打破了香山地区原有的自然文化氛围，为昭庙在静宜园的建立铺垫了大的环境背景。

乾隆四十五年（1780 年），宗镜大昭之庙在静宜园东北的“别垣”内建成，按照乾隆皇帝在阐述建寺原由的御制诗《昭庙六韵》中的说法。昭庙是按照“前藏”，即以拉萨为中心的拉萨、山南等地区传统建筑式样而建，与仿照“后藏”扎什伦布寺而建的承德须弥福寿之庙，同为迎接六世班禅而修建的重要建筑。

这种写仿，除了对藏式建筑的形式模仿外，还通过写仿建筑原型在西藏的地位，反映写仿建筑所象征、表达出的政治和宗教意图。乾隆皇帝借对昭庙的经营，也表达了自己的帝王情怀和治国理念。昭庙的建立完善了北京西山地区从自然文化景观向人文政治景观转化的过程，随着乾隆皇帝在昭庙与六世班禅的会面以及班禅参加昭庙的开光仪式，将这种转变推向了顶峰。

七 避喧听政

政治活动的第二中心

“游园不费政务”，是乾隆帝游赏御苑和外出巡幸的基本原则。在清代的皇家园林如畅春园、静宜园、景明园、清漪园中都设有勤政殿，圆明园中有正大光明殿和勤政亲贤殿。皇帝在此批阅奏章、接见臣僚、处理日常政务。

我们从一些数字上可以看出，清帝对园居理政与宫居理政几乎同等重视。

清代顺治帝每年约有 1/3 的时间在南苑居住，有时甚至长达 1 年。

康熙帝首次驻跸畅春园后，36 年间居住畅春园累计 257 次，共 3870 多天，康熙帝园居理政的时间远超过宫居理政。

雍正帝平均每年驻园时间长达 206.8 天。

乾隆帝平均每年驻圆明园 126.6 天。

嘉庆帝一年中驻圆明园天数最多达 247 天，平均每年 162 天。

道光帝驻圆明园时间平均每年达 260.1 天，道光二十九年（1849 年）有 355 天驻园。

……

不仅如此，康熙、乾隆二帝还曾多次表示："肇建（避暑）山庄，为时巡展觐，临朝御政之所"，"如紫禁之制"。而作为圆明园的首位主人雍正帝也称："朕在圆明园与宫中无异也，凡应办之事，照常办理。"至于嘉庆皇帝则更明言："朕驻跸圆明园，既系紫薇禁地。"这表明，在清帝的眼里，圆明园、避暑山庄和紫禁城的政治地位及其功能是一样的。

清代皇家园林作为清帝园居理政的场所有其阶段性。随着清代历史的演变，各园林的功能强弱和兴衰递嬗变化，均有脉络可循。紫禁城虽说始终是大清王朝的政治中心，但其余的政治中心则表现不一：顺治时主要是南苑和西苑；康熙时除南苑、西苑外，还有"三山五园"中的畅春园和玉泉山的澄心园（后改为静明园）；康熙皇帝在畅春园施展雄才大略，把国家引向繁荣富强，最后死在清溪书屋。清中后期，雍乾嘉道咸五朝 138 年间，除西苑以外则主要是以圆明园为核心的"三山五园"；雍正则在圆明园度过了他十几年的帝王生活。到晚清同光两朝，则主要是西苑和修复之后的颐和园。因此，北京的皇家园林始终是与紫禁城互为表里的清朝政治中心。清朝皇帝充分利用园林这个舞台，实施他们绥靖怀远的政治策略。

清朝统治者，尤其是康乾二帝，在他们身上所体现出的动态的治国理念，与历代绝大多数的汉族皇帝是完全不一样的。他们都有一个十分可贵的“大中国”的观念。西师、南巡可以说是康乾二帝在开疆拓土、驾驭民心上不可磨灭的功绩，与其并称的还有北狩，即木兰秋狝大典。清初建造木兰围场和避暑山庄，就有联络蒙古各部、“绥远固边”、最终达到“合内外之心，成巩固之业”的政治目的。

避暑山庄的形成源于清王朝与蒙古各部的联盟。满洲贵族入关前与蒙古各部长期修好，清王朝建立后，更加注重这一联盟的巩固，同时也为发扬满族骑射的传统，特制定每年秋季与蒙古诸部落进行围猎，并接见蒙古诸王的制度。乾隆帝在《避暑山庄百韵诗序》中，阐释了康熙兴建避暑山庄的意旨：

我皇祖建此山庄于塞外，非一己之豫游，盖贻万世之缔构也……凛天威，鉴前车，查民瘼，备边防，合内外之心，成巩固之业，习劳苦之业，惩晏安之怀，所全者大，则其小者有不必恤矣！

经康熙、乾隆两朝皇帝历时近50年的修建，避暑山庄成为清代第一大皇家园林。其中包括康熙、乾隆分别题名的36景，共72景。至于外围八庙的建设，更多的是清代怀柔宗教民族政策的具体体现。它们分别以汉、藏、满、蒙、维五族佛寺的形式修建，其平面整体形式，撷取藏传佛教中曼荼罗的宇宙图式意向，如众星捧月般围绕避暑山庄，意图是在藏传佛教中象征永恒，由此也暗寓了清王朝以各族的联盟作为王朝的长城的统治思想。

自康熙二十年（1681年）至嘉庆二十五年（1820年）的139年中，历朝清帝共举行木兰秋狝105次。由此可见，由满洲贵族统治的清王朝与历代汉家王朝不一样，其民族文化性格不同，治国平天下的战略思路不同，我们不能把清代的皇家园林仅仅看成是一座座美丽的园林。

标榜文治武功也是皇家园林中的重要内容。玉泉山静明园妙高寺庭院正中，修建了一座缅甸金刚宝座佛塔，名“妙高塔”。它不是一座普通的寺中佛塔，是为了纪念平定缅甸战争的胜利而修建的纪念性建筑物。乾隆中叶，云南边界与缅甸木邦土司发生摩擦，乾隆三十二年（1767 年）起，开始派兵征战缅甸，大获全胜后，清军撤出时将木邦佛塔绘图带回北京。乾隆帝为纪念征战缅甸的胜利，便按木邦塔图形在妙高寺内建塔。

八 寓治于乐
节庆仪典的重要场所

每年春节，乾隆皇帝在宫中参加完例行的节庆活动后，便前来圆明园开始一系列比较自由的文化娱乐节庆活动，其中最具特色的就是逛买卖街和观看焰火。

“三山五园”的皇家园林里大多建有买卖街。长春园的买卖街建于二宫门外的小河南岸，规模较小。清漪园的买卖街有两条：一条是苏州街，另一条是西所买卖街。静宜园宫门外和万寿寺行宫西路城关以北建有买卖街，这两条建在园外的街，老百姓也可以逛。静宜园内香山寺前也有一条买卖街。最为知名也是规模最大的买卖街，当属建在圆明园福海西岸舍卫城与同乐园之间的南北长街。

万寿庆典是皇家园林中的大事。乾隆皇帝的生日是八月十三日，钦定为“万寿节”，与冬至、元旦同列为国家的三大庆典。每逢此节，包括皇太后的万寿佳节，都会不惜花费巨额国库钱财来举办各类庆祝活动。其中有几次庆典最为隆重。

皇家买卖街

一次是乾隆十六年（1751 年），皇太后六十寿辰。从万寿山新建的大报恩延寿寺到皇宫的路上，分别由内务府和各省督抚搭建了无数经坛和戏台，有玻璃镶嵌墙壁的黄鹤楼、孔雀尾做屋瓦的翡翠亭，各色建筑争奇斗艳。另一次就是乾隆八十岁寿辰，这时他已登基五十年，更值五世同堂，而他已宣布要在八十五岁——登基六十年时，禅位于新皇帝，他决定要隆重庆祝。祝寿活动于七月初在避暑山庄拉开序幕，月底返回圆明园在同乐园连演 7 天《升平宝筏》大庆戏。还有一次最为隆重的庆典就是慈禧六十三岁寿辰庆典。

“三班九老会”是乾隆皇帝为母亲办万寿佳节的重头戏，具有彰显孝行天下的寓意。“九老会”之制并非乾隆帝的创造，而是仿唐继宋，又有了新的发展。乾隆二十六年 (1761 年)，恭逢皇太后七旬大寿，在祝寿人群中邀请了很多老人，又从在朝文职大臣和武职大臣以及致仕大臣中，选 70 岁以上的 9 位老人，赐游香山静宜园。乾隆三十六年（1771 年），按照乾隆帝“十年一举盛会”的谕旨，依例再次举行“香山九老会”，并由画家艾启蒙绘制成图，留存内务府。此次之后，就没有再举行过。

九 散志澄怀 帝王的修身娱性生活

园林生活比起宫禁生活要恣情得多。央视纪录片《圆明园》的编导，根据宫廷画师郎世宁的书信，整理了一段旁白记述了乾隆皇帝的一天：

雍正去世之后，当年的弘历登上了帝位。这就是大清帝国的第五代皇帝——乾隆。25岁的皇帝意气奋发，命我为他画像，庆贺登基。我得到特许，可以跟随皇帝一整天。

与父亲雍正一样，乾隆对圆明园充满了感激之情。刚刚即位，就下令扩建圆明园。扩建的重点主要集中在圆明园的东面。将近1个世纪的积累，帝国的财富在迅速增加，圆明园的规模也越来越庞大。数百名最优秀的画师云集皇家画院，无数工匠日夜劳作，为离宫的设计建造奉献他们的智慧和汗水。

下午两点左右是用餐时间，这是乾隆一天中最奢华的正餐。

皇家饮食复杂而又精致，但每一道菜只能浅尝辄止。即使皇帝很喜欢某一道菜，他也不能多吃。乾隆边上的这个大太监是一丝不苟的监督者。据说，这样做是为了不暴露皇帝的饮食习惯，以免被人投毒。

饭后是乾隆的学习时间。严格的皇家教育造就了一个文化素养很高的皇帝，乾隆几乎每天都要写诗。乾隆并不是一个真正的诗人，他迷恋于诗歌写作有自己的目的。这是一个极其自负的皇帝。在他的心目中，大清的皇帝不仅仅是最高统治者，还应该是文人的精神领袖。乾隆对大兴土木的圆明园极其关注，他几乎每天下午都要去皇家画院视察，以学者自居的皇帝经常亲自参与设计。皇家画院的设计师、样式房的建筑师、大量的官员以及数万名工匠，所有人都在为日益扩大的圆明园服务，宫殿每天都在增加。

与雍正相比，乾隆总是很从容，他似乎就是为了统治这个大帝国而出生的。晚上，皇帝会选择和一位妃子共度良宵。有专门的太监对此进行详细记录，这是皇家秘档的一部分。为了大清帝国的延续，必须保证皇家血脉的纯正。

从这段有据可查的描述看，乾隆皇帝在园林中的活动多属于文化性质，撰文写诗是很重要的活动，有很多书法绘画活动。此外，他还经常读书，欣赏文学作品和各类艺术品，并与一些艺术家和音乐演奏家交往频繁。

乾隆皇帝一生写有大约 4 万多首诗，其中一大部分在园林中完成，香山留有 1057 首诗，清漪园留有 1500 首诗。以乾隆十三年（1748 年）游香山时，仿王蒙《铁网珊瑚》作画为例，画完之后乾隆仔细端详，心里很高兴，得到了创作的满足，至于笔法的嫩与老就不计较了。弘历将此趣事记在《偶仿王蒙铁网珊瑚率题一句》[①]诗中：

偶仿王蒙铁网珊瑚率题一句

黄鹤山樵自逸民，玉崖范生亦高士。
一时酬倡留墨戏，致我兴勃掀髯起。
摹将皴法石为根，枯枝不约秋与春。
更森筠箨苍岩畔，崛强飘萧率可人。
图成自视笑绝倒，笔法何须论嫩老。
寓意风流聊尔为，刻楮求工见何小。

观农稼穑也是皇帝念念不忘的大事。耕织农业是中国传统社会最主要的生产活动。升斗庶民为求生存，固然胼手胝足日夜操劳；励精图治的统治者为了江山的长治久安，也未尝不是念兹在兹不遗余力。关注农桑的时代主题，甚至深刻地渗透在一般人们认为是仅供帝王游乐的园林特别是清代的皇家园林中。从入关的第一位皇帝顺治起，到康熙、雍正及乾隆即位初年，先后在西苑、承德避暑山庄以及圆明园等地设置了不少具有耕织内容的景观，意在重农观稼并表率天下。

“莆田丛樾”景观位于避暑山庄湖区和平原区的交界处，设一座攒尖顶单檐方亭，内置宝座，是皇帝围猎和观赏田园时休息的地方，其北边有康熙开辟的御瓜圃。康熙常将所产瓜果赐予臣

① 出自［清］乾隆《乾隆御制鉴赏名画题诗录》第二集卷三。

下，又于亭之东开辟了御稻田，进行培育优良稻种和向口外推广的尝试，并获得成功。

圆明园中的农事景观有："杏花春馆"，"水木明瑟"（景区中的建筑有耕织轩、贵织山堂等，其中耕织轩殿宇外檐悬挂有雍正亲题的"知耕织"匾额，贵织山堂则是祭祀蚕神的所在），"多稼如云"（隔水与稻田相望，乾隆称其有"田家风味"），"鱼跃鸢飞"（景区中有成片的稻田，河流萦绕如带，两岸村舍布列，一派天机野趣），"北远山村"，《雍正行乐图册》中的农事景观（画中人物为雍正皇帝，地点应是圆明园。画中建筑简朴，正对稻田，或有水牛、牧童行于阡陌，颇具乡野气象）等。

十 北京皇家园林的艺术

辉煌壮丽的帝王气度

中国园林艺术完全来源于自然山水，造园方法模拟自然山水意境，因而称为“自然山水式园林”，与西方规整划一的“几何图形式园林”迥然不同。师法自然、融于自然、顺应自然、表现自然，中国古代园林体现了“天人合一”的民族文化精神，体现了生境、画境、意境三种艺术境界，这也是中国园林具有其艺术生命力的根本原因。皇家园林因为特定的使用性质，在追求天人合一的过程中，又被赋予了更多的艺术特色。

在《汉书·高帝纪》中，记载着这样一个故事：

萧何在长安为刘邦建设了一座豪华的宫殿，到刘邦远征归来，却非常生气。他说：我大汉刚刚建立，百废待兴，你这样大兴土木，是不是太奢靡了。萧何的回答则引出那句令后世帝王最愿意听的名言，他说："夫天子以四海为家，非令壮丽，亡以重威，且亡令以后世有以加也。"

中国几千年的封建君主统治，孕育了皇家的特殊审美风格，那便是企图通过宫殿建筑"空前绝后"的"壮丽"风格，以强化和渲染皇权的神圣与威严，从而在精神上"威震四海"。

皇家"壮丽""巨丽"的风格经过长期积淀至清代达到鼎盛，反映在皇家园林建设上，就是"移天缩地在君怀"的建园思想。表现在皇家园林的空间模式上，则是通过模拟自然——甚至是大规模的自然山水、各种类型的建筑以及动物和植物，再造国家的河山疆土，彰示帝王对天下万物的御统。

以避暑山庄为例。避暑山庄的空间布局与园林景区组织，显然与秦始皇灭六国后仿造其宫殿于咸阳北阪、显示"天下一统"的用意一致。避暑山庄实际上就是一个大中国的缩影：西北多山而东南多水，北部为开阔的草地，与中国自然地理相一致。湖泊是对江南园林风光的摹写；平原区是对蒙古草原的模拟（万树园、驯鹿坡）。山区则是对三山五岳的仿写；宫墙外的诸寺更令人联想到西北边陲的新疆和西藏。它们与外八庙一起，概括了国家的形象，突出了宇内一统的含义。

清代皇家园林在艺术表现手法上常用"烘云托月"的大手笔，在大的山水格局中确定园林的构图中心：颐和园佛香阁、北海白塔、圆明园九州清晏等建筑群，在园林中是气势磅礴、建筑与环境冲突最为激烈的中央建筑群，具有明显的构图中心作用。建筑布局凭借着优越的园林环境，因势利导，有意识地突出传统木制结构建筑具有画意的形象和群体组合的多样性，发挥其作为“风景建筑”的特长，从而把消极影响转化为园林造景的积极因素。

在处理建筑主体地位的问题上，造园匠师大胆地吸收风景名胜区的成景理念，运用突出重点的手法，让整个建筑群顺山势的起伏层层叠落布置。清漪园内的佛香阁置于万寿山山顶，除排云殿中央建筑群体量较大外，四周的建筑如退晕般向东西两侧分散开去，尺度也逐渐缩小，成为一些点景性建筑物。这样做不但没有压掉和破坏山水主体；相反却有助于丰富万寿山本身比较平淡、呆板的形象，帮助烘托、渲染了皇家园林所需要的艺术气氛。

另一个典型手法是景观环带的设计。颐和园的造园匠师在协调建筑与环境的关系上，通过景观序列组织与园外借景，把建筑放到前山前湖整体空间环境中去考察，形成了从南湖岛起始，过十七孔桥，经东堤北段，折而西经前山，再转南循西堤而结束于里湖南端绣漪桥的一条漫长的螺旋形“景观环带”，为了不破坏玉泉山和西山这两处借景画面的完整性，便不在西堤以西建造体量过于高大的建筑物。这个环带上的景点都具有几百米甚至几千米的观赏视距，它们或疏或密，依山面水，各抱地势，人工匠意与天成山水，浑然一体，犹如一幅其长无比的山水画卷展现在人们眼前。其通体有起结、有重点、有疏密，呈跌宕起伏的韵律。

互妙相生的园林要素

圆明园建成以后，乾隆皇帝曾写诗告诫后世子孙，圆明园已经登峰造极，今后不要再建设园林了。但这话没说多久，乾隆就自食其言，在圆明园以西，利用西湖和瓮山的天然环境，开始建设清漪园。

为掩人耳目，他先以治理北京水系为名挖湖堆山，等到湖山完成，他又说，既俱湖山之胜，岂能不建楼台亭榭来点缀。这一点缀就是15年，于是便有了“三山五园”中最后一座皇家园林——清漪园。事实上，乾隆皇帝确是一位深谙造园精髓的大师，造园就是要使山、水、建筑和树木这些园林要素互妙相生。

颐和园前身清漪园的规划从调整自然生态环境入手，结合西北郊农田水利工程，解决了昆明湖的水源和泄水问题，保证了最佳水位和清洁水质。拓展昆明湖直抵万寿山东麓，消除了原西湖与瓮山“左田右湖”的尴尬局面，开凿后溪河，并连接于前湖。利用后湖土方堆筑于前山的东端，以及后湖北岸，改造局部的山形，最终形成了堪称上乘“风水”的山嵌水抱的地貌结构。实现了中国道家主张的阴阳虚实的和谐均衡。为了更好地展现大自然的生态景观，这个地貌不仅创作出了天然山水的全部主要形态：冈、岭、峰、峦、岫、岩、谷、涧、峡、壁、屏、湖、河、溪、泉、渚、涧、瀑等，而且遵循生态规律组合诸多自然成景要素，构成了具有序列的完整的山形水系。其精彩的构景章法如后山北麓的后溪河宛若襟带，承接着后山的两道山涧——东桃花和西桃花沟。山涧仿佛源头，潴而为后溪河，再经由港湾的穿插而汇聚于浩瀚的大湖。这一涓涓细流汇为巨浸的典型天然水系的全面缩影，构成一幅有源有流的完整天然水景形象。

在自然山水框架上，又因山就势点缀了巧夺天工的园林建筑。纵长延伸的尺度、拔高紧缩的比例、倚山就坡的布局，随心所欲的组合，使桥梁、堤路等带有公用性的建筑，也变得丰富多彩和变化莫测。这些皇家园林的建筑，涵盖了所有建筑形式。特别是

景山公园古柏

故宫连理柏

在廊、亭这两个园林建筑形式中，有极其出色的佳作，它们既是山与水之间的中介点景，更是厅堂内部封闭空间通向自然空间必要和巧妙的过渡。颐和园中的长廊被吉尼斯世界纪录列为“世界上最长的彩画长廊”。

颐和园的植物配置，依然表现出北方园林的风格，以常绿树种为主要造景材料。在布局上与园林建筑和山形水系相得益彰，呈现出前山柏树，后山松树，堤岸桃柳的配置风格，显示出难以重复的大手笔，将主体建筑烘托得巍峨壮美，是表达景观主题的重要组成部分。当年栽植在皇家园林中的树木，现如今都已经成为古树名木。中国古代即有“名园易得，古树难求”的立论，旨在追求苍老树型所含蓄的历史沧桑，从而获得人文景观价值。北京皇家园林中存在的几万株古树是弥足珍贵的“活化石”。

诗情画意的园林意境

在颐和园的东宫门外，有一座牌楼，牌楼正面的匾额上写着“涵虚”，背面写着“罨秀”。“涵虚”代指昆明湖的浩瀚，“罨秀”暗喻苍翠的万寿山。然而在这里既见不到昆明湖，也见不到万寿山，但“涵虚”“罨秀”已经把隐藏在宫墙后的山水之胜渲染出来，这种造园的艺术表现形式，我们称它为“诗情画意”。

“诗情画意”是中国园林独有的特色。它超越景观的创造，以画龙点睛之笔，创造出园林中诗的情感、画的意韵，从而达到扩大人为化的自然美境地，激发人们情绪上的共鸣，引起人们对某种理念、意趣、品格的联想，从而沟通环境与人的文化情感，创造出“意境”。这种把“意境”列入造景范畴的园林观念，正是中国北京皇家园林区别于世界其他园林流派的本质特征。这种意境的诱发，体现在名景摹拟、象征寓意、景题对联等艺术手法的综合运用上。

名景模拟是皇家园林运用较多的一种手法，主要包括胜景写仿和名园写仿。胜景写仿的典型例子如颐和园中的西堤仿苏堤，凤凰墩仿黄埠墩，景明楼仿岳阳楼，水舟堂仿四桥烟雨，圆明园中坦坦荡荡、泽兰堂、夹镜鸣琴、招鹤磴分别仿杭州的玉泉观鱼、韬光养晦、礁石鸣琴、孤山放鹤亭。名园写仿多是以著名园林为蓝本，大致按其规划布局仿建于御园之内。如圆明园内安澜园仿海宁陈氏偶园、长春园茹园仿江宁瞻园、避暑山庄文津阁、圆明园文渊阁仿宁波天一阁、惠山园仿无锡寄畅园等。

皇家园林中法天象地的象征寓意，更是比比皆是。前面提到的清漪园、圆明园福海上的大小三岛，西苑三岛的“一池三山”

是仙境的象征。北海的濠濮涧、圆明园的坦坦荡荡、颐和园的知鱼桥、避暑山庄如意湖北岸的“濠濮涧想”亭，都取用于《庄子》《世说新语》中的典故，表达了取法自然的隐喻意象。圆明园后湖的九岛环列象征“禹贡九州”，九州居中，东面的福海象征东海，西北角上的全园最高土山“紫碧山房”象征昆仑山。

景题诗赋是园林画境向心灵境界升华的重要媒介。借助景题和对联来扩大园林景观鉴赏的深度和广度，是文学艺术与造园艺术相结合的造景手段。在北京皇家园林内，每处景点都有景题，重要建筑还往往是皇帝亲自题署。这些标题用简明扼要的文字点出景物的精华，如三面临水的“知春亭”以岛上桃柳报春信而点出知春之意；“千峰彩翠”城关以其地处万寿山山脊、可观赏西面和北面的远山峰峦而得名。大量的对联更是以优美的文辞来点出情景交融的意境。如藕香榭的“台榭参差金碧里，烟霞舒卷画图中”；养云轩的“天外是银河烟波宛转，云中开翠幄香雨霏微”；宝云阁石牌坊上的“山色因心远，泉声入目凉”等都将园林景物进一步升华。北海画舫斋就是依托历史典故，创造园林意境的经典范例。画舫斋包括了欧阳修《画舫斋记》《荀子》的“载舟覆舟”说，以及魏征的《谏太宗十思疏》等。乾隆归政后的宁寿宫花园中的禊赏亭的精巧用典，对遂初堂、对宁寿宫花园的整体立意和构思，起到了画龙点睛的作用。

北京的皇家园林博大精深，只有走进皇家园林，才能去亲身体验和品味它的文化之美、艺术之美。

北京的坛庙

/姚安

祈年殿全景（董亚力摄）

在悠久厚重的中国古代文明史中，坛庙祭祀作为传统礼制的关键组成部分，始终是一种极其重要的文化现象。中国历史上出现过众多的祭坛与神庙，无疑都是中国古代国都的代表性建筑。时至今日，包括西安、洛阳、开封、南京、杭州等古都在内，曾经辉煌一时的坛庙建筑群绝大多数都已消失殆尽，唯有北京还较为完好地保存着明清时期的坛庙。这一系列精美、完整的坛庙建筑群，不但是北京历史文化的重要标志之一，也成为中国古代坛庙文化的缩影。

一 坛庙文化溯源

何为坛庙？简言之，即古人祭祀祖先及天地神祇的场所。“坛”与“庙”，二者内涵一致、形式不同。

所谓坛，是指在平坦地面上以土石垒筑的高台，用以盟誓、封拜及祭祀。《说文解字》将“坛”注解为“祭场”。

所谓庙，原是住宅的一种。据周代礼制，各种住宅分为不同等级：帝王、诸侯所居称为寝；大夫及以下官员所居称为庙。由于人们多在寝、庙之内祭奠祖先，后来便将祭祀先人的处所沿称为“庙”，并将此称谓固定下来。

在建筑形式上，“坛”多为露天的平台，“庙”多为封闭的殿宇。从现存实例来看，无论坛或是庙，除主体建筑外，往往还有各种附属建筑，统称为用以祭祀的建筑群。

中国坛庙建筑的历史源远流长，早在距今七八千年的甘肃秦安大地湾新石器时代遗址中，就有类似坛庙的祭祀建筑。距今

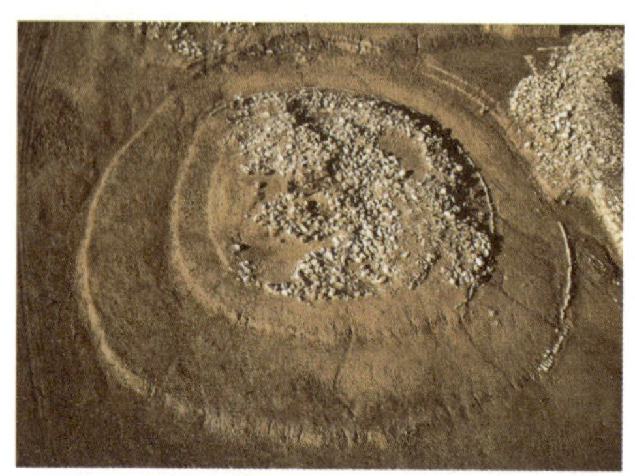

牛河梁祭坛遗址

五六千年的陕西临潼姜寨仰韶文化遗址和辽宁牛河梁红山文化遗址中，也发现了用于祭祀的祭坛。

在文献记载中，早在黄帝统治时期，便确立了宫室之制，首建“合宫”以祭祀天地。夏代也有祭祀先祖的宗庙，称为“世室”。商代的宗庙则称为“重屋”。祭坛设在宗庙之内，是当时社会生活的重要场所，举行包括祭祀天神、地祇和祖先等礼仪活动。

时至西周，国家祭祀得到进一步完善，周人将祭祀天地奉为一项国之大典。武王建立周王朝后，便在都城以南建明堂，“祀上帝于明堂，乃尊文王以配之”。武王在明堂祭祀帝神，具有明显的奉祖意味；汉又建圜丘，用来进行祭天活动。《周礼·大司乐》载：“冬至日祀天于地上之圜丘。”这是目前所知，我国历史上最早的有关建造圜丘祭祀上天的记载。

受“天圆地方”观念的影响，用于祭祀上天的祭天台建作圆形，以“圜”通“环”，故称“圜丘”；祭地坛则建作方形，称“方丘”或“方泽”。周代国家祭祀中形成的“左祖右社”“兆五帝于四郊”的坛庙营建制度，对后代产生了深远的影响。

此后，历经春秋战国500年乱世，天下归秦。统一全国的秦朝在雍地祭祀白、青、黄、炎四帝，称作“四畤”，该制度又被继起的西汉王朝所延续。此后，汉高祖刘邦又增设北畤祭祀黑帝，故时有“祭五畤”之称。汉文帝时，在渭阳建造五帝庙，五帝同宇，帝各一殿。至汉武帝时，西汉坛庙制度发生了较大的改变。“武帝初即位，尤敬鬼神之祀。”他在甘泉建“泰一祠”以祭天，在河东汾阴建“后土祠”以祭地，实行天地分祭制度，并经常亲临祭祀。汉成帝继位后，停止了甘泉、汾阴的祭祀，改在长安南郊筑坛祭天，又在北郊筑坛祠地，由此开始了在都城郊区分祭天地的制度。

东汉时期，郊坛祭祀重又改为天地合祭，其坛庙建筑在形式上也与西汉有所不同。从东汉末年直至隋朝再次统一中国，期间的 400 多年，中华大地基本处于分裂割据状态，魏晋南北朝时期，各国都建有郊祭坛庙，形制多有变化，时而天地合祭，时而分祭，变化无定，未能统一。不过，在都城南郊筑台祭天却作为一大传统而延续下来。

隋、唐两代，坛庙建筑在延续传统的同时，与前代相比新增了一个重要特点，即体量规模宏大。这同当时的国家实力、社会生活状况有着极为密切的关系，充分显示出大一统王朝所特有的雄大气魄。需要指出的是，隋代与唐初的祭祀均为天地分祭，而武则天称帝后又将祭祀仪式改回到天地合祭，这一传统到中宗李显复国后也一直沿用，终唐一代未再变更。

宋代是中国坛庙演化史上非常重要的一个阶段，这一时期坛庙的演变，形式和制度上都为后世带来了重要的影响。宋代坛庙建造形式的改变至宋徽宗时正式确立，且有着浓厚的哲学意味。以按其理念建造的南郊祭坛为例，坛为三层，壝墙三重，台阶等构件均采用九的倍数。郊坛设燎坛、斋宫，四周围以短垣，垣上

圜丘坛（董亚力摄）

置棂星门，这些建筑形式和理念，多为后世的祭天建筑所沿用，很多规制在现今北京天坛中都有明显的体现。

元代，元世祖忽必烈将统治中心定在今北京地区，时称“大都”。随后，明清两代亦定都于此，中国封建社会后期的国家祭祀重心也因而迁至北京，坛庙建筑也在各代间沿袭。这样，北京的坛庙就具有了集大成的特色。

二 北京坛庙沿革

纵观中国古代帝都坛庙的发展，其布局多随都城位置的变迁而变化，总体格局大致以周礼所确立的“左祖右社”和“四郊分祀”为原则。北京作为历经辽、金、元、明、清的五朝古都，坛庙布局也经历了不断的变迁。至明清两代，因都城位置得以固定，故其坛庙布局也就被基本完好地保留了下来。

早期北京坛庙

北京地区最早的坛庙出现于公元前 11 世纪。公元前 1046 年，周武王刚刚确立周朝统治，便在今北京地区分封了两个诸侯国：一为召公奭的燕国；一为黄帝后裔的蓟国。此后燕国势力日强，在春秋时期吞并了蓟国，并将国都迁至蓟地，直到公元前 222 年为秦国所灭。周朝有“郊止天子，社止诸侯”的规定，因此，蓟、

太庙

燕两国皆设有坛庙。燕国都城就建有专门的祭祀建筑——“沮泽”。“沮泽”即是坛庙的雏形。

又据《墨子》所载：“燕之有祖，当齐之有社稷，宋之有桑林，楚之有云梦也。”可见，当时各诸侯国也都建有自己的坛庙建筑。

从秦代至宋代的千余年间，中国统一王朝的都城一直位于陕豫地区。北京地区曾先后成为前燕的都城和辽朝的陪都。前燕和辽朝都曾在北京修建过太庙，也是北京地区在这段时期建立过坛庙所仅有的记载。

灭辽而起的金国以北京为中都，当时中都的建筑仿照北宋都城东京的规制修建，在辽南京城的基础上改建而成。同时也仿照中原制度，在金中都建社稷坛，用以祭祀土神和谷神；建太庙，名“衍庆宫”，用以供奉金朝先帝的神主牌位。大定十一年（1171年），金世宗又在中都郊外建立祭坛。明昌年间（1190~1195年），金朝在中都南郊相继建造了高禖坛、风师坛、雷雨坛等祭坛，并每年择日祭祀。当时的中都宫阙壮丽，殿阁林立，建筑雄伟，城内有太庙、社稷坛；城外有天坛、地坛、日坛、月坛，及高禖坛、风师坛、雷雨坛，共同组成了北京历史上第一个大型帝都坛庙建筑群。

元朝灭金以后，将中都更名为燕京，另于燕京东北建立大都。至元年间（1264~1294 年），元世祖忽必烈肇建太庙与社稷坛，使之分居大都皇城的东西两侧，规制与宋金两代差别不大。大德年间（1297~1307 年），元成宗诏建郊坛。先于大都城南门丽正门东南 3.5 公里建坛，合祭皇天上帝、后土皇地祇和五方帝君；后于大都北 7 公里建造方丘，但是工程刚开始就被迫停止，终元一代亦未建成。因此，元代始终为天地合祭。此外，还于大都东郊建先农坛和先蚕坛，于城内东北建孔庙。总之，元代坛庙体制完备、规模宏大，在中国坛庙史上起到了承上启下的重要作用，在北京坛庙发展史上也占有重要地位。不但由于元代帝王对祭祀并不热心，往往派遣大臣代祭，因此元代坛庙维护不力，加之元末战乱频仍，多数坛庙建筑都毁于战火，遗迹难以留存。

孔庙大成门

明代北京坛庙

明代建立之初，以南京为国都，北京地区起初并未建立坛庙。直至明成祖朱棣即位后，计划迁都北京。永乐四年（1406 年），诏建北京城，郊坛宗庙作为北京城一体化营建的重要组成部分，自然备受重视。永乐十五年（1417 年）六月，郊庙建设正式动工。永乐十八年（1420 年），北京天地坛（今天坛前身）完工。同年，明成祖朱棣将都城迁至北京。翌年正月，北京郊社宗庙及宫殿建成，明成祖亲自来到太庙祭祀列祖列宗；10 天后，又大祀天地于南郊。祭天是皇帝独有的权力，朱棣祭天并代表子民祈求天地的呵护，表明自己的权力来自神授，是神圣无可置疑的。可见，坛庙建筑对当时的统治阶层而言，有着极为重要的意义。至此，北京城内于紫禁城前东西两侧分列太庙、社稷坛；在城垣东北元朝旧址重修孔庙；城外南郊东西两侧分列天地坛、山川坛，帝都坛庙建筑初步完备。总体来说，北京坛庙的建造遵循了南京旧制，而高敞壮丽尤胜南京。

至明嘉靖年间（1522~1566 年），北京的坛庙建筑发生了巨大的变化。明武宗驾崩后，因武宗无嗣，其堂弟朱厚熜入继大统，是为嘉靖皇帝。继位后的朱厚熜推尊私亲，想把自己的生父兴献王朱祐杬尊为皇考，但当时的内阁大学士杨廷和等人认为，应当效法汉代定陶王入继成帝和宋代濮王入继仁宗的故事，“尊父宗为皇考，称兴献王为皇叔父”。这使嘉靖帝极为不快，群臣也因对皇帝做法的态度不一分为两派，这就是明代史上有名的“大礼仪”之争。最终，这场争论被朱厚熜的高压手段平息。与“大礼仪”之争相伴而生的是嘉靖帝对明代祀典的全面更定。

天坛全景

刚继位的嘉靖帝虽然年少，但对历代典仪却知之甚详，初继位便诏修天地坛、山川坛。嘉靖四年（1525 年），嘉靖帝为生父朱祐杬建太庙。同时，他认为北京天地坛的天地合祭不合古代礼制，便于嘉靖九年（1530 年）恢复明太祖天地分祭的制度。嘉靖帝还认为“日月照临，其功甚大。”于是，分别建造圜丘坛祭天，方泽坛祭地，朝日坛祭日，夕月坛祭月。廷臣夏言负责坛庙选址，将圜丘坛建于原天地坛内大祀殿以南，方泽坛建于安定门外，朝日坛建于朝阳门外，夕月坛建于阜成门外。当年十月，圜丘坛建成，与原天地坛形成南北两坛依轴线布置的格局。十一月，谕礼部：

南郊之东坛名天坛，北郊之坛名地坛，东郊之坛名朝日坛，西郊之坛名夕月坛。南郊之西坛名神祇坛，著载《会典》，勿得混称。

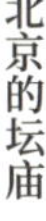

各郊坛的名称至此确立。

嘉靖十一年（1532 年），嘉靖帝命在圜丘坛外泰元门东建造崇雩坛，作为孟夏时节进行祈雨大典之所。嘉靖十七年（1538 年），嘉靖帝大举雩祀，以后每逢天旱祷告，即遣官致祭。不过朱厚熜死后，崇雩坛雩祀即荒疏不常，天旱求雨也在圜丘举行。因此，崇雩坛丧失了存在价值，清乾隆年间被拆除。嘉靖年间还曾建造了先蚕坛，但也不久即废。

“四郊分祀”之后，祭天在圜丘进行，大祀殿也被废弃。嘉靖二十一年（1542 年），令撤除大祀殿，在其旧址上另建新殿，名“大享殿”，用以在秋季祭祀皇天上帝，并奉其皇考睿宗配享。大享殿就是今祈年殿的前身。

经过嘉靖朝的一系列改制，北京坛庙较永乐年间有了很大的变化，形成了左祖右社，四郊分祀，先农、祈谷并举的新格局，从而奠定了现今北京坛庙格局的基础。

圜丘燔柴炉（董亚力摄）

清代北京坛庙

清朝入关后，沿袭明制，仍将嘉靖朝的坛庙制度引为成法遵行。其实早在入关之前，皇太极就接受范文程等汉族士人的建议，在盛京（今辽宁沈阳）建造圜丘、方泽，以祭告天地。顺治元年（1644 年），清军入关定鼎北京。十月初一，顺治帝举行完登基礼，亲至南郊祭告天地，向天下臣民表明清朝已经承受天命，当为中原之主。当年冬至，顺治帝再次亲至天坛圜丘大祀皇天上帝。在因袭使用前朝坛庙建筑的同时，清朝还在长安左门外的御河桥东修建了极具满洲特色的坛庙建筑——堂子，用以祭神。

顺治二年（1645 年），清朝定坛庙祭祀则例：元旦祭堂子，正月上旬择日祭祖于太庙，祭太岁于太岁坛，正月上辛日祈谷于祈谷坛，上戊日祭社稷于社稷坛，亥日祭司先农坛，五月夏至日祀皇地祇于方泽，上戊日再祀太社、太稷于社稷坛，十一月冬至在圜丘大祀皇天上帝，岁除前一日告太岁、月将，于太庙岁暮祫祭礼。

顺治十四年（1657 年），清朝又恢复了明朝废弃的祈谷礼，并在康熙年间加以完善。可见，清代的祭祀制度正如《清史稿》所评价的那样，可谓“度越唐、明远矣”，在中国历史上最为完备。

清代经历了顺、康、雍三朝的积蓄和完善，至乾隆年间（1736~1795 年），经济获得较大发展，政治上也日趋稳定，达到了清朝统治的黄金时期。在此基础上，国家有条件致力于各种礼制的建设。

乾隆帝登基后，将各坛拓展、改建，以示进取图新之意。以天坛为例，其修缮工程规模之大、历时之久、耗资之巨、变化之繁，

斋宫无梁殿（董亚力摄）

几与重建无异。乾隆七年（1742 年）重建斋宫。乾隆十二年（1747 年）重建内外坛墙，将原土墙改为城砖包砌，并将样式简化，使之更显伟岸厚重。乾隆十五年（1750 年）改建圜丘，将其体量增大，同时把栏板、望柱改用汉白玉，墁地砖改用艾青石，并按阴阳五行学说，在坛中设天心石，四周以扇形石板环筑，自内至外按九九制递增。乾隆十六年（1751 年）改建大享殿，将殿顶上青中黄下绿的三色琉璃瓦统一为青色，且因“大享之名，与孟春祈谷异义”，更其名为“祈年殿”。此后又重建皇穹宇，增修“圜丘坛门”，全部修缮工程直到乾隆二十年（1755 年）方告结束。修缮后的天坛，整个建筑群焕然一新，蔚为壮观。其余各坛，除将安定门外的先蚕坛移建至西苑内，其他均未做彻底重建，而是全面整修——或拓其基址，或新其门窗，或增其设施，或易其瓦色，不一而足。

对于祭祀祖先的太庙，乾隆元年即进行大举修缮，使之成为乾隆朝第一个动工整修的坛庙。据古建专家对太庙享殿大木结构的全面测绘和考察可知，“无论构架类型、构件材质、用材等级、彩画形式等方面，均表现出典型的明式特征，”表明享殿主体的木架结构自明代起未被改变。可见乾隆的这次修缮完全遵照祖制，未改之前太庙的建筑规制。

乾隆朝对祭坛进行的大规模修整，在当时虽花费了大量的人力、物力、财力，但却使我们今天能够领略到北京坛庙建筑群的独特魅力。

乾隆帝后，大规模的坛庙营建工作基本上停止下来，但仍常岁照例祭祀，坛庙中每年植树不止。之后，随着大清帝国的衰落，北京的祭坛也迎来了日渐衰落的时光。

光绪十五年（1889 年），祈年殿遭遇雷击，失火被毁。事发后，光绪帝下诏严惩主管天坛的太常寺官员，并于翌年重建。但因祈年殿建筑图纸缺失，只能命参与过维修工作的匠人商讨并重新绘图。祈年殿的重建历时 6 年，至光绪二十二年（1896 年）竣工。受财力所限，重修的祈年殿虽外形同原殿大体相似，但外观上看起来显得较为粗矮，即今日所见之样貌。

对清代北京坛庙建筑造成致命破坏的是西方列强发动的侵华战争。在第二次鸦片战争时期，英法联军于 1860 年 8 月攻陷北京，占领了祭祀皇地祇的地坛，将其中的各种祭器、礼器和陈设物品席卷而去，并毁掉了祭祀的主体建筑方泽坛。英法联军对地坛的破坏是明清北京祭坛建成后遭受的第一次重大劫难。

1900 年，八国联军入侵北京，北京各处坛庙皆为侵略军所占领。

据《庚子记事》所载，天坛由英国驻兵，先农坛由美国驻兵，其余各坛庙亦多被各国洋人居住。侵略者在坛庙中胡作非为、大肆破坏，“太庙、社稷坛被洋人拆毁不堪，各门无一处不开，车马驰行与街衢一样，匪徒拆毁各殿窗格，偷窃砖瓦木料，任意盗运。”其余各坛庙也同样被破坏，“天坛、先农坛等处，殿宇、祭器并皆罄尽。”

随着八国联军退出北京，清朝政府在经费极其紧张的情况下，将太庙、社稷坛、天坛进行修复。此时的清朝从上到下都已元气大伤，人们对天地神祇的信仰也大大降低，光绪三十二年（1905 年）起，光绪皇帝停止了先农、朝日、夕月、方泽诸坛的亲祀。两年后又规定，除太庙以外，停止所有坛庙的祭祀，而太庙祭期来临时也仅遣官代祀。北京祭坛迎来了最为冷清的日子。

光绪末年，清廷曾大举改建孔庙，并将孔庙之祭升为大祀，望借孔子之力来维持其风雨飘摇的统治。然而改建工程尚未结束，辛亥革命爆发，推翻了清朝的统治。

民国以来北京坛庙

清亡后，昔日皇家祭坛开始逐步向民众开放。天坛与先农坛于 1913 年 1 月首先开放 10 日。随后，社稷坛于 1914 年被辟为“中央公园”，太庙于 1924 年被辟为“和平公园”，地坛于 1925 年被辟为“京兆公园”，其他坛庙大多也相继开放。

虽然民国成立以后，北京的多数坛庙相继辟为公园，成为大众游览观瞻的场所。但由于时局动荡，民生凋敝，各坛庙公园也

民国时期在中央公园祭奠孙中山

少有游人，加之政府经费不足，使各园呈现出衰败破落景象。如天坛中古树频遭砍伐，古建筑损毁严重；先农坛坛墙被分段标卖，外坛竟至不存；京兆公园创办仅一年即被迫关闭，等。

1937年“七七事变”爆发后，北京坛庙的命运雪上加霜。各个坛庙被日军占领，所有公园被迫关闭，一些刚刚启动的修缮计划也不得不停止。不仅如此，日军占领诸坛庙后，还大肆破坏原有建筑景观。在天坛，日伪当局在此建起了军用医院和兵营。在社稷坛，日军撤销中山堂，拆毁园中滦州起义烈士铜像及蔡公时济南殉难烈士纪念碑，同时野蛮拆除孙中山奉安纪念碑。在先农坛，为纪念黄花岗七十二烈士而建的先烈祠也被撤掉，原太岁殿被辟为伪新民会的训练处。此后，由于失管和失修，天坛、先农坛等坛庙墙垣大段坍塌。更令人发指的是，日伪当局发起的两次“献木运动”使月坛中的古树几遭伐尽，其他坛庙中的树木也被大肆砍伐。各坛庙千孔百疮，一片狼藉。

直到中华人民共和国成立，坛庙的磨难终于结束，得以重新保护、修缮，并重新面向社会开放，可谓迎来了新生。

三 九坛八庙览胜

北京自古便有“五坛八庙”或“九坛八庙”之说。

所谓“九坛”，是指天坛、地坛、朝日坛、夕月坛、先农坛、先蚕坛、祈谷坛、太岁坛和社稷坛；所谓“八庙”，指的是太庙、奉先殿、传心殿、寿皇殿、雍和宫、堂子、历代帝王庙和孔庙。

“九坛八庙”发端于元代，到清乾隆时期最终确立格局。事实上，除“九坛八庙”外，北京还曾拥有其他大大小小的坛庙不计其数，如山川坛、神祇坛、太岁坛、高禖坛、旗纛庙、都城隍庙、火神庙等，星罗棋布地散落在北京城的各个角落。

九坛八庙

九坛之一——天坛

天坛位于北京城正阳门外东南方，始建于明永乐十八年（1420年），初称“天地坛”。历经明嘉靖与清乾隆时期的数次改建、扩建，形成了祈谷坛、圜丘坛两坛相连的建筑格局，作为明清两代皇帝举行祭天大典的场所，是现今世界上规模最大、保存最完好的古代祭天建筑群。天坛中现存祈谷坛、圜丘坛、斋宫、神乐署四组建筑。其中祈年殿已成为古都北京的重要标志性建筑之一。

天坛以象征性的建筑设计和布局，鲜明地体现了中华民族传统文化中“天人合一”的宇宙观与哲学思想，1998 年 12 月 2 日，世界遗产委员会将“天坛”列入世界文化遗产名录。

九坛之二——地坛

地坛位于北京城安定门外，与天坛南北相望。地坛始建于明嘉靖九年（1530 年），亦称“方泽坛”，依《周礼》“夏至日祭地于泽中方丘”之说而得名。祭坛下特意设计一道泽渠，环绕坛体以为象征。中心祭坛上下两层，外有坛壝两重，形制均呈方形，以寓“天圆地方”之义。清乾隆十五年（1750 年）曾进行改建，将黄琉璃砖坛面改换为艾青石坛面。

地坛为明清两代皇帝每年夏至之日祭祀“皇地祇神”的场所，以五岳、五镇、四海、四渎从祀，以报大地“厚德载物”之恩，祭祀等级仅次于祭天，同属大祀之列。坛内建有皇祇室、具服殿、斋宫、钟楼等附属建筑。1981 年，按清乾隆时形制进行原状修复。

地坛方泽坛（董亚力摄）

九坛之三——日坛

日坛亦称“朝日坛”，始建于明嘉靖九年（1530 年）。嘉靖皇帝认为“日月照临，其功甚大”，应当设坛专祀，于是秉周礼“兆日于东郊”的规制，建坛于城东朝阳门外。清顺治八年（1651 年）复建，乾隆、光绪年间数次加以改建。

日坛外垣前方后圆，象征天圆地方，祭坛仅一层，为方形，坛壝则为圆形。祭日祀典于春分之日举行，与秋分祭月相对应，古人认为“春分阳气方永，秋分阴气向长，故祭以二分，为得阴阳之义”。

九坛之四——月坛

月坛亦称“夕月坛”，位于北京城阜成门外，与日坛同期修建。每年秋分日亥时，在此祭祀夜明之神——即月亮神，从祀神为二十八宿、木火土金水五星，以及周天星辰。皇帝每 3 年亲祀一次，即按照干支排序，逢丑、辰、未、戌之年皇帝亲祀，其余之年派遣武官代为祭祀。坛内建有具服殿、神库、宰牲亭、神厨等附属建筑。

九坛之五——社稷坛

社稷坛是古代帝王祭祀之所。社为地神，稷为谷神，社稷是国家及其权力的象征，祭祀社稷既是对土地、农植的崇拜，也是对统治权力的崇拜。坛的上面铺以五色土，中黄、东青、南赤、西白、北黑，即五色之神。坛中央原有一方形石柱，名“社主石”，喻意江山永固。五色土成为全国疆土的象征，是五方五色文化观念在坛筑上的表现。由此可见，社稷坛具有亲地的文化意义。

清郎世宁所绘《孝贤皇后亲蚕图》

九坛之六——先蚕坛

明清两代均建有先蚕坛。明嘉靖十年（1531 年），“筑先蚕坛于西苑”，即今天北海南侧金鳌玉蝀桥西南的中南海内。清代先蚕坛为乾隆九年（1744 年）建于西苑东北隅，即如今的北海后门东侧，是在明代雷霆洪应殿的旧址上修建而成的。依照古制，先蚕坛应建在北郊，但明清两代均由于郊外道远，祭祀不便；且北郊少水，不易行浴蚕之礼，因而将坛址改在皇苑之内。

先蚕祭祀反映古人生活对农桑生产的依重，所谓“农桑之业，衣食万人，不宜独缺，耕蚕之礼垂法万世，不宜偏废”。

九坛之七——先农坛

明永乐十八年（1420 年），明成祖朱棣仿南京旧制，于北京城正阳门西南建山川坛，同时建先农坛于坛内西南隅，明清两代皇帝每年在此举行祭祀先农之礼。坛内辟耤田一方，即所谓“皇帝的一亩三分地”，供皇帝亲耕，“以劝率天下使务农也”。坛内另建有斋宫、具服殿、銮驾库、观耕台、神仓等附属建筑。皇帝亲耕之礼历史悠久，西周初年周成王即“亲耕耤田以劝农桑”。

九坛之八——太岁坛

太岁坛位于先农神坛东北，正殿称太岁殿，祭祀太岁神，东西配殿祭祀十二月将神。太岁祭祀，乃古代天文观测之产物，古人因木星 12 年一周期的运行规律，将其称为“岁星”，奉为“十二辰之神”，亦称为“岁神”，并依据干支纪年设置六十甲子“值年太岁”，轮流掌管人间一年的祸福。清代，太岁祭祀列为中祀，每年正月遣官祭祀，祭祀时奏中和韶乐。

太岁坛太岁殿

九坛之九——祈谷坛

祈谷坛建于天坛内，位于圜丘坛北部。祈谷坛中央建有祈年殿，曾名大祀殿、大享殿，始建于明永乐十八年（1420 年），曾为天坛中最早的建筑。清乾隆十六年（1751 年）改建后，更名为祈年殿。清光绪十五年（1889 年）毁于雷火，数年后按原样重建。目前的祈年殿是一座鎏金宝顶蓝瓦三重檐攒尖顶的圆形建筑。祈年殿的殿座就是圆形的祈谷坛，共三层高。

《大清会典》中规定“正月上辛祈谷，孟夏常雩，冬至祭天，皆祭昊天上帝”。祈谷礼作为清代祭天仪式之一，在清代国家祭典中占有重要地位。

八庙之一——太庙

太庙为明清两代皇家祖庙，始建于明永乐十八年（1420 年），依古代皇城建筑“左祖右社”规制建于天安门东侧，清顺治年间重修，是我国现存最完整的、规模最宏大的皇家祭祖建筑群，中心建筑为享殿、寝殿、祧庙三大殿，建筑规格为古代建筑最高等级。

太庙虽经清代改建，但其规则和木石部分，大体保持明代原构，是北京最完整的明代建筑群之一。太庙以古柏著名，树龄多达数百年。

八庙之二——历代帝王庙

历代帝王庙始建于明嘉靖十年（1531 年），位于北京城阜成门内大街 131 号，原址为保安寺。帝王庙正殿为景德崇圣殿，重檐庑殿顶，黄琉璃瓦，9 开间，规格仅次于故宫太和殿。这里供奉了自三皇五帝至元代中国历史上“有功烈于民”的帝王，传承了中华民族祭祀文化中敬贤崇德的核心精神，是我国统一多民族

历代帝王庙

国家发展进程一脉相承、连绵不断的历史见证，具有重要的历史文化价值。它是全国现存唯一一处保存完好的祭祀历代帝王的皇家庙宇。

八庙之三——奉先殿

奉先殿即内太庙，位于故宫乾清门广场东端景运门外，为明清皇室祭祀祖先的家庙。洪武三年（1370 年），朱元璋“以太庙时享，未足以展孝思，复建奉先殿于宫门内之东”。永乐年间，仿南京旧制建奉先殿于北京紫禁城。清顺治十三年（1656 年）重建，建筑形制为“工”字殿形式，前、后两重殿堂由中间的穿堂连为一体。殿内供奉已故帝后牌位，每年四季首月举行“时享”，“备三牲黍稷品物以祭”，每月初一“荐新”，向祖宗祭献新鲜时令食品，以尽人子之孝。

八庙之四——传心殿

传心殿位于故宫东华门内文华殿东，是清代应经筵制度之需，于康熙二十四年（1685年）修建的祭祀场所。因尊崇三皇五帝、周公孔子，奉其为帝王之师，设神位于内，每逢举行经筵之前一日，皇帝亲诣传心殿行祗告礼，昭示崇儒重道、礼敬师尊，与帝王庙、孔庙祭祀相类。

八庙之五——孔庙

北京孔庙位于北京城安定门内成贤街路北，是仅次于山东曲阜孔庙的全国第二大孔庙。初建于元代大德十年（1306 年），是皇帝举行祀孔典礼的地方。明清两代对孔子极为尊崇，孔庙多次翻盖修葺，明永乐年间建新庙于故址。乾隆二年（1737 年），将大成殿及门更换为黄瓦，建筑规制升至最高等级。

孔庙最具历史文化价值的是存于其中的进士题名碑林，198 通石碑上镌刻着元、明、清三朝 51624 位进士的姓名、籍贯和名次。

八庙之六——寿皇殿

寿皇殿为供奉清代历朝皇帝神像的处所。有正殿、左右山殿、东西配殿，以及神厨、神库、碑亭、井亭等附属建筑。寿皇殿原建在景山之东北，乾隆十四年 (1749 年)，皇帝以原殿址不合“閟宫之法度”而重建寿皇殿于皇城中轴线上的景山正北面。乾隆帝不但亲自撰写《御制重建寿皇殿碑记》，而且为寿皇门外三座牌楼亲笔题写匾额，以表征孝道。

雍和宫

八庙之七——雍和宫

雍和宫初建于清康熙三十三年（1694 年），为康熙第四子雍亲王府邸。雍正三年（1725 年），雍正帝将王府的一半改为行宫，另一半赐给喇嘛章嘉呼图克图，作为黄教的上院。乾隆九年（1744 年），乾隆帝遵照其母之意，将雍和宫正式改为喇嘛庙，成了清政府管理喇嘛教事务的中心。雍和宫建筑规模宏伟，文物遗存丰富，其中的白檀木雕弥勒像为世界上最大的独木雕佛造像。

八庙之八——堂子

堂子是清代举行满洲传统祭天礼仪的建筑。顺治元年（1644 年）始建堂子于长安左门外，建有祭神殿、拜天圆殿、尚锡神亭等建筑。堂子祭祀内容丰富，其最具民族特色的祭祀活动是立杆大祭神仪。每年于季春、季秋月朔日举行，殿南正中树神杆以为社主，神杆依“大社惟松、东社惟柏”之制，以松木制作，大祭前一日，立杆子于亭式殿中间石上。乾隆十二年（1747 年），皇帝命人编纂《满洲祭神祭天典礼》，把“堂子”祭祀加以系统化、规范化、制度化，“庶满洲享祀遗风，永远遵行不坠”。堂子祭祀建筑在八国联军入侵北京时被焚毁，现已无存。

九坛八庙的文化内涵

北京的坛庙建筑，不论选址还是造型，乃至建筑中所蕴含的数字、颜色等信息，都极富象征意味，体现着深刻的思想文化内涵。

就选址而言，太庙、社稷坛建造在北京紫禁城两侧，形成“左祖右社”之格局。所谓“左祖”，是在宫殿左前方设祖庙，是帝

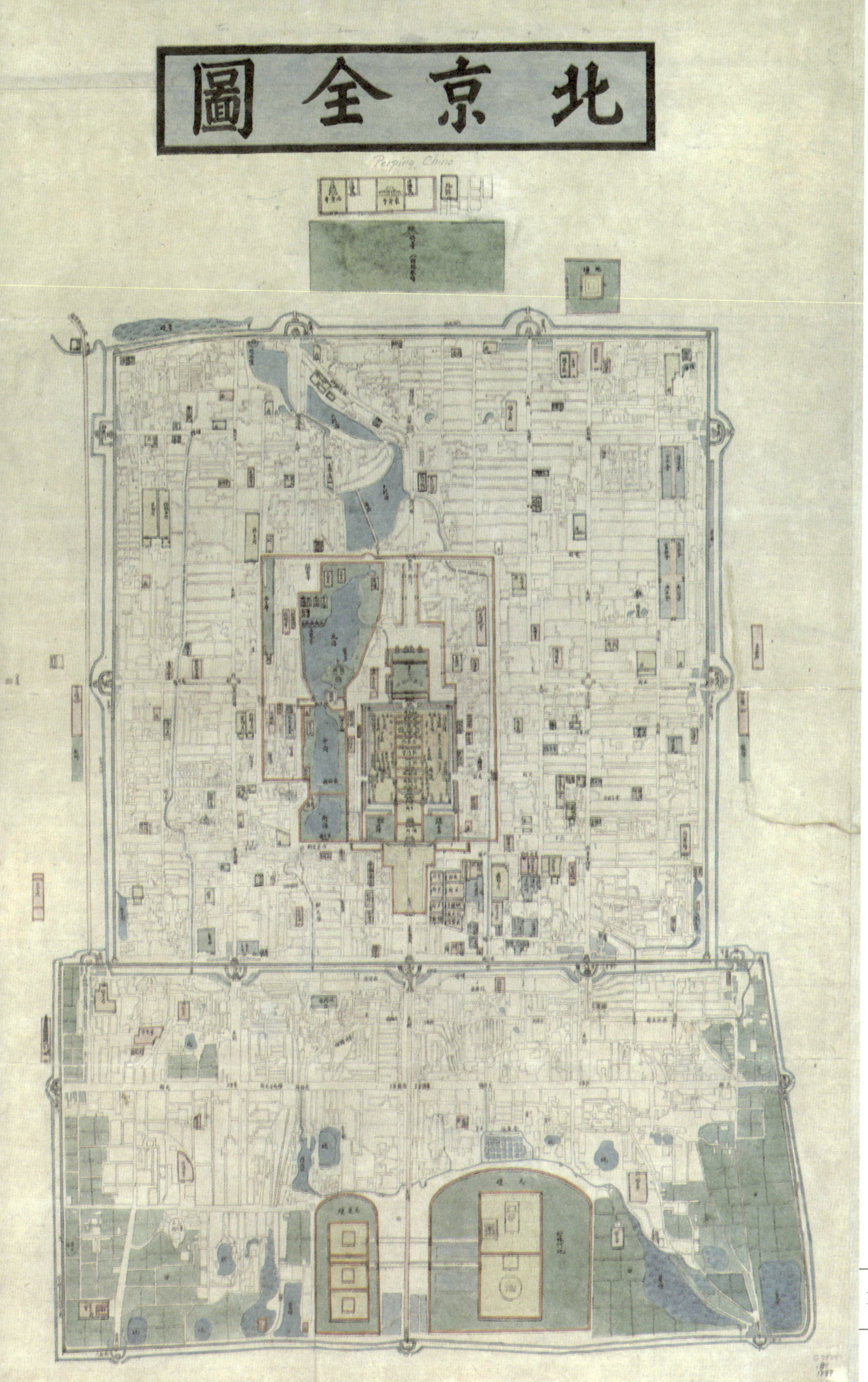

清末北京全图中的坛庙

王祭拜祖先的场所，故称太庙；所谓“右社”，是在宫殿右前方设社稷坛，社稷坛是帝王祭祀土地神、粮食神的地方。而居于北京城四周的其他坛庙建筑，也同样符合风水理念。

据《周易·说日》:“乾为天、坤为地,离为火为日,坎为水为月”。于是，天、地、日、月四坛的位置也被确定于北京城的南北东西四方。

除选址外，包括坛庙、陵寝在内的北京传统建筑在建筑形状上也充分表现出象征意义。《周易》曾对天、地、日、月四坛的建筑形象特色产生了决定性影响，其中乾卦代表天，以圆形指代；坤卦代表地，以方形指代。用形象的比喻，天像一个穹庐扣在方形的大地之上，这就是“天圆地方说”的由来。古代帝王为与天

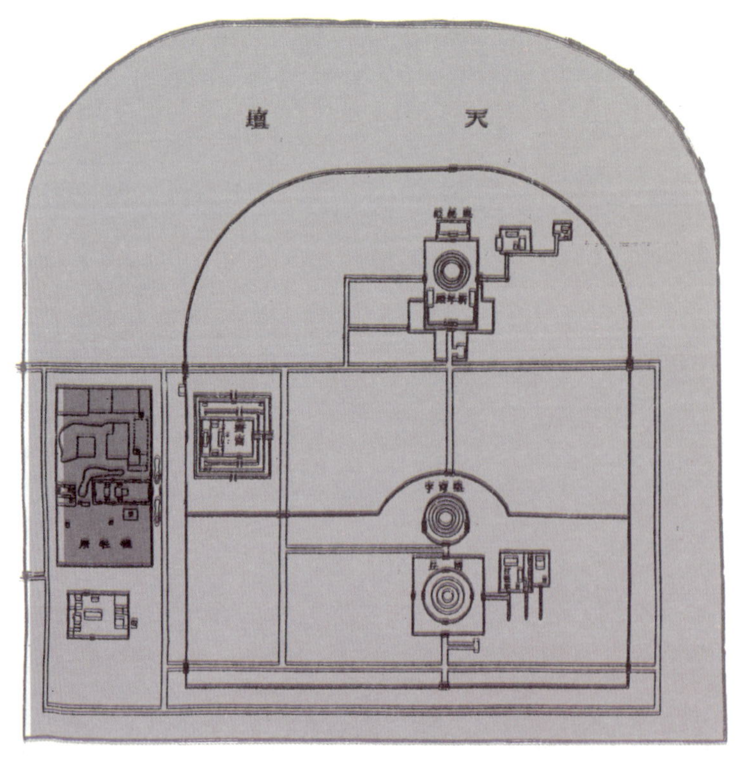

天坛五组建筑图

相应、与地相通，以求得天地之神的佑护，于是就将天坛建成圆形，将地坛建成方形。同时，按照后天八卦方位，离卦为南，坎卦为北，分别与先天八卦的乾坤二卦位相重。因此，日坛与天坛一样建成圆形，月坛与地坛一样建成方形。而天坛有坛墙两重，形成内外坛，均为北圆南方。这是由于天坛在建成之初本为天地坛，是天地合祭之处，如此设计是为了把天地的形象表现在坛墙上，以合“天圆地方”之说。早在红山文化时期，牛河梁遗址的坛、庙布局就类似北京的天坛、太庙。遗址内有多处祭坛，分为方形和圆形两种，也已与天圆地方的观念相契合。

在中国传统建筑中，数字不仅是用来计量尺寸、比例的工具，它还作为一种符号，体现特有的文化象征意义。如数字“三”，向来为国人所推崇。

《老子》曰：“道生一，一生二，二生三，三生万物。”

《史记》载：“数始于一，终于十，成于三。”

《说文解字》道：“三，数名，天地人之道也。”

可见，在我国传统文化中，“三”有着极为重要的意义。它反映在建筑上也早有渊源，红山文化东山嘴和牛河梁遗址中的祭坛，均是三层的祀天之台。太庙享殿、天坛祈年殿等重要建筑都坐落在三层台基之上，以显示建筑崇高的地位并造就其肃穆的氛围。而数字“六”，被认为是“老阴之数”，以代大地，这一点充分体现在地坛建筑中：方泽坛上层方六丈，下层方十丈六尺，每层均高六尺。坛外围象征方泽的水池亦宽六尺，代表江河湖海拱卫大地。至于数字“九”，则最被我国传统文化所重视。

《楚辞》说："九者，阳之数，道之纲纪也。"

《易》中说："乾玄用九，乃见天则。"

古人还以奇数象天，把数字九作为天的象征，因此有"九天""九霄"之说。又因数字十是满盈之数，物极必反，满则溢，极盛必衰，故"以自谨待之"；而"九"则为"百尺竿头更进一步"，永远呈上升趋势，故"九"为至尊之数，为帝王所看中。皇宫建筑，多用"九"或"九"的倍数。天坛中的圜丘坛建筑，也与九有着极为密切的关系。从其中心的天心石向外，三层台面每层都铺有 9 圈扇面形状的石板，上层第一圈为 9 块，第二圈为 18 块，第三圈为 27 块，到第九圈为 81 块。中、下层以此类推，三层总计有 378 个九，共 3402 块，象征九重天。四周石栏上雕刻花纹的石板数也有规定的数目，三层台面的栏板总数为 360 块，由 40 个九组成，正合历法中的"周天"之数。除三、六、九外，天坛中还有许多直接表征天象的数字，如祈年殿有 28 根楠木巨柱，内围的四根"龙井柱"，象征一年四季；中围 12 根"金柱"，象征一年 12 个月；外层 12 根"檐柱"，表示一天 12 时辰；共计 28 根柱，代表上天 28 星宿。

我国传统建筑色彩丰富，所表现的文化象征意义同样多姿多彩。首先，青、赤、黄、白、黑五色与五行、五方相对应。董仲舒在《春秋繁露》中记载："左青龙、右白虎、前朱雀、后玄武、中央后土"；《周书》中更具体说明了五行的性质及排列次序为：水、火、木、金、土。

社稷坛五色土，就是颜色、方位与五行结合的一个直观体现。明清帝王赴天、地、日、月四坛祭祀时，也要分别穿青、黄、红、

社稷坛五色土（董亚力摄）

白四色吉服。将颜色的理念深入到建筑群中，则有天坛祈年殿覆蓝色琉璃瓦顶，四周绿树、红墙、白栏杆与之相呼应，形成了既和谐又崇高的祭天氛围。社稷坛中的五色土尤为引人注目。青、红、白、黑、黄 5 种颜色的土壤，象征着广博的中华大地——东为青土，代表东边的大海；西为白土，指代西部的沙漠；南为红土，以示南方的红土地；北为黑土，象征北部的黑土地；而中为黄土，是黄土高原之寓意。

以上所有方位、形状、数目、颜色等传统建筑形制的具象表现，均反映了帝制时代皇权至高无上的特点。不同的坛庙所分别代表的天、地与人的建筑形式，都统一在这一严格的等级制度之下。以建筑的屋顶为例，规格最高的是庑殿顶，即屋顶有四面斜坡，一条正脊和四条斜脊，屋面稍有弧度，又称四阿顶。这种屋顶通过“举折”技术建造而成的凹曲屋面，是“天圆地方”与“天人合一”观念在建筑上的生动体现。

所谓“无规矩不成方圆”，在古人的观念中，“天圆”与画圆的“规”联系在一起，“地方”与画方的“矩”联系在一起。建筑物上圆象天象规，以曲线表示；下方法地法矩，用方正的台基和屋身表示，通过法天象地表现出“天圆地方”的宇宙观念。

凹曲屋面形如“人”字，它又与古代天地人学说相吻合，天在上，地在下，人在中间，符合“天人合一”学说。这种屋顶，用于太庙享殿、孔庙大成殿、历代帝王庙景德崇圣殿等最高规格的建筑。次之一等的歇山顶，由前后两个大坡檐，两侧两个小坡檐及两个垂直的等腰三角形墙面组成。这种屋顶，用于坛庙后殿等规格相对较高的建筑。攒尖顶的使用则较为灵活，既用于天坛祈年殿、皇穹宇这样的高规格建筑；又广泛应用于亭、台、阁等园林建筑。此外，大到台基、小至彩绘，几乎所有建筑元素均体现出森严的等级制度，都服务于至高无上的皇权，也体现了皇权力图对天地人限定而又调和的理念。

四 坛庙祭祀巡礼

我国素以“礼仪之邦”著称，“礼”是国家统治和社会生活秩序的基石，也是中华传统文化的核心。中国祭祀礼仪制度在几千年的历史进程中，始终是古代帝王维护其统治的一种政治工具。但是，祭祀礼仪体现出的“敬天重德”精神，也反映了中国古代思想家的政治理想，是古人为构建统一和谐的理想社会，而把自然宇宙观应用于社会政治生活的典范。明清时期的皇家坛庙在祭祀时，十分注重礼仪的形式，宏大庄重的祭祀场面、具有象征意义的独特祭祀方式、繁文缛节而又进退有序的仪式、丰盛的祭品、仪式性的祭祀乐舞，这一切不仅体现了古人对祭祀对象的尊崇与虔诚，还蕴含了中华民族在世界观、伦理道德观念、信仰崇拜方式等方面特有的民族精神、思想意识与文化传统。

祭祀制度

我国古代早期的祭祀活动形式简朴而未有定制。至西周时，周公制礼做乐，形成了一套完整的祭祀制度。如《周礼》记载，周天子祭天时，在祭前 10 日要举行斋戒活动，其中散斋 7 日，致斋 3 日，责成专职官员负责斋戒事宜。祭天前 10 日，周王开始进行 7 日散斋，即 7 日内不御、不乐、不吊；祭天前 3 日，周王于寝宫内进行 3 日致斋，较散斋更为严格苛刻；祭天前 1 日，执事人员于坛门外设置幄次，供周王祭祀前停留休整。祭祀时，周王身穿象征天的黑色大裘，所经道路设有灯烛，丘坛上堆积柴薪，王亲牵牺牲宰杀，连同玉帛一起置于燃烧的柴堆中焚烧，是谓“湮祀”。当天子亲祭时，行礼设乐，共行七献礼。这些仪轨，为后世所奉行并进一步发展，到明清时，形成了一套更为繁琐、冗杂的礼仪制度。

明代根据历史传统、政治需要与祭祀对象之间的差别，将祭祀仪式分为大祀、中祀和小祀。清代又将小祀改称群祀。祭祀级别的不同，体现了天地神祇、人间诸事的高低、大小、轻重之分。其中，天上的总神谓之昊天上帝或皇天上帝，其下为日月，再下为风雨云雷等；地上的总神谓之皇地祇，其下为山川海渎，再下为土地城隍等；人鬼之神，首重莫过于皇朝的列祖列宗，其下为孔子、历代帝王，再下为历代良臣名将等。可见，昊天上帝、皇地祇、列祖列宗构成了最重要的祭祀对象，与皇帝紧密结合，皆列在大祀之中。

明代每年如期举行的大祀有 13 项之多：正月上辛祈谷、孟夏大雩、季秋大享、冬至祭天，这些都要祭昊天上帝；夏至祭地、

祈年殿乐舞（董亚力摄）

要祭皇地祇；春分祭日、秋分祭月，春夏秋冬 4 季的孟月和除夕 5 次享太庙，祭本朝的列祖列宗；春秋仲月上戊日祭太社太稷。中祀有 25 项：仲春祭先农；春秋仲月；择日祭历代帝王；春秋仲月上丁日祭先师孔子等。小祀有 8 项：孟春祭司户、孟夏祭司灶、季夏祭中霤、孟秋祭司门、孟冬祭司井等。

清代基本延续了明代的祭祀制度。其中，将大祀项目中的祭日月降为中祀，光绪末年又将祭先师孔子提升为大祀。中祀项目减少，只留 12 项，如祭日月、祭历代帝王等。群祀即小祀，增加至 53 项，远多于明代，如季夏祭火神，仲秋祭都城隍，季秋祭炮神，春冬仲月祭先医等，名目繁多，不一而足。

明清两代的众多祭祀活动中，以天地、宗庙、社稷、山川等大祀，定为由天子亲祭，若国有大事则遣官告祭；其他中、小祀，一般直接遣官致祭，孔庙则传制特遣致祭。

祭祀仪轨

不同规格的祭祀有不同的礼仪标准，其中尤以皇帝亲临之大祀礼仪最为隆重。在皇帝亲临的诸多大祀中，又以祭天大典规格最高、最具代表性。明代的祭天礼仪，以嘉靖九年（1530 年）行四郊分祀为界，分为两个时段。前期实行天地合祭，嘉靖改革礼仪制度后，祭天礼仪呈现出新的面貌。清代初期，基本承继了明代的坛庙祭礼，后经顺治、康熙、雍正三朝的不断充实完善，又经乾隆朝的礼制改革，最终确立了完备的礼仪制度。至此，坛庙祭祀以程序周密、规模宏大、场面隆重而著称，其礼仪的繁琐也超过以往。

以清代的祭天为例，其整个仪式从祭前 3 个月即开始着手准备。祭前 3 个月，礼部、太常寺官员先期到京师之外挑选犊牛和其他牲品。祭前 40 日，乐舞生、执事生到天坛神乐署演练乐舞和走位。祭前 5 日，由钦定亲王率有关人员前往牺牲所察看祭祀所用牲只。祭前 3 日，开始搭建幄次摆设供案。

从祭祀前 3 日起，仪式进入非常时期。首先由礼部堂官在宫内斋戒处设手执斋戒牌的铜人，皇帝开始虔诚致斋。与此同时，有关陪祀官员也在各自衙门斋戒。清代对祭祀斋戒有严格的规定，陪祀百官要恪守戒律，即令皇帝在斋戒期间也不理刑名、不饮酒、不食荤等。

祭前 2 日，皇帝在紫禁城中和殿阅视祝文，察看祭祀用的玉、帛、香等物品，然后由銮仪卫用龙亭将祝文和玉帛香等祭品送至天坛神库存放。

祭前 1 日，牺牲所所军将牺牲赶往宰牲亭宰杀，并由礼部堂官在宰牲亭举行专门的杀牲礼仪。同一天巳时，皇帝在车驾仪仗队簇拥下走出紫禁城，前往天坛斋宫，继续斋戒。与此同时，陪祀的百官也在天坛附近驻守，以等待第二天清晨的正式典礼。

皇帝的祭天仪仗由天坛西门入，在圜丘台昭亨门外排列，恭待皇帝降辇换乘礼舆小轿进入天坛，先期表达对天的敬仰，接着由昭亨门左门乘礼舆到皇穹宇，为皇天上帝及列祖列宗上香恭拜，次后再到圜丘瞻视坛位陈设。完成这些仪式后，还要亲到神库、神厨察验祭祀供品和宰杀的牲只，以进一步表达对上天的诚敬认真。当这一切结束后，皇帝到达斋宫，百官在宫外迎驾，皇帝在天坛一日的斋戒开始。

斋戒时，皇帝要用香草水薰香沐浴 3 次，洁身静心，以此表示对天帝的尊崇。当皇帝斋宿斋宫时，夜半子时，执事人员点燃祭祀灯火，并将神厨内的供品舁送至坛台之上，在皇穹宇的两侧陈列好迎神亭。日出前七刻，钦天监、太常寺堂官将时辰奏折放

祭祀场景（董亚力摄）

祭祀仪仗出斋宫（董亚力摄）

于斋宫时辰亭，然后由总管太监取出呈送皇帝。这时皇帝身着祭服，乘礼舆出斋宫，后改乘玉辇，在前引十大臣导引下，亲临祭坛。皇帝出宫时，斋宫大钟鸣响，提醒陪祀官员及执事人员各就其位，各司其职，祭祀大典即将开始。与此同时，祭台上的燎工点燃燔炉柴火，礼部堂官则将皇天上帝和祖宗配位神版恭请入迎神亭内，由銮仪卫校尉将神亭舁送到圜丘台。

皇帝抵达祭坛时先进具服台幄次，等候神版奉安完毕，各项陈列就绪，然后在金盆中盥手，步入圜丘二层正南位置的拜位幄次内，静候祭天大典正式开始。

清代的祭天大典共有 9 项仪程，称为“九举”，依次为迎帝神、奠玉帛、进俎、初献、亚献、终献、撤馔、送帝神、望燎。

其一为燔柴迎帝神。赞引官高声唱赞后，先由燎工将一只牛犊置于燔柴炉口，再将敬献上帝的牺牲毛血掩埋在瘗坎里。这时唱乐官高唱“乐奏始平之章”，一时乐队奏乐，钟鼓齐鸣，在雍容华贵的中和韶乐中，皇帝到上帝位前，一上描金龙沉炷香，三上捧瓣香，然后依次到列祖列宗神位前行礼。礼拜乐止，赞引官唱赞下一仪程，不同的乐声再起，如此起伏，直到仪式结束。

其二为奠献玉帛。这是祭天礼仪中的重要一环，先由皇帝将圆形苍璧敬献给皇天上帝，再敬献郊祀制帛，并依次将奉先制帛敬献给列祖列宗。

其三为进俎。由执事官员将犊牛放入俎内陈放于神位前，由浇汤官将滚烫的汤水浇到犊牛身上，使之淑气四溢，以馨享皇天上帝和列祖列宗。

其四为初献敬酒。先由司爵官将醴酒奉献给皇帝，再由皇帝将酒置于皇天上帝神位前爵垫中间的位置上。然后读祝官朗读祝文，祝毕，皇帝依次为列祖列宗敬酒。

其五为亚献敬酒。

其六为终献敬酒，分别为上帝和祖宗敬献第二、第三爵酒醴，礼仪与初献相同。

其七为撤馔。执事人员将馔盘内供品从坛上撤下，依次送往燔柴炉及燎炉准备焚烧。

其八为送帝神。执事人员将玉、帛、祝文等撤下，送至燔柴炉焚烧。

其九为望燎。皇帝到望燎台，观看所有献给上帝及祖宗的供品分别被送往燔柴炉及燎炉内焚烧。

望燎完毕，祭天仪式结束。皇帝回到具服殿幄次更衣，然后乘礼舆出昭亨门，再换乘玉辇回宫。百官在午门外跪迎圣驾，皇帝则在紫禁城内大宴百官及四夷朝使，并由读诏官在天安门上朗读诏书，大赦天下。

圜丘祭天

上述祭天仪礼为清代乾隆后期所施行。其实，明、清两代的祭祀仪礼都经历了一个发展演变的过程，在这一过程中，相关礼仪都经过了不断调整，因各时期帝王的不同喜好而有所变化。包括祭天在内的各种坛庙祭祀仪式，在明清两朝的不同时期内都有着很大程度的区别。但到后来，又都无一例外地形成了本朝的基本规则，如明代以嘉靖朝为代表，清代以乾隆时为标志，形成基本规制后，各朝的礼仪大体都为后世帝王所奉行。

祭天是封建帝王坛庙祭祀中最高规格的仪式，也最受皇帝重视。据史籍记载，乾隆在位的60年中，亲至圜丘行礼达59次，几乎年年奉行不怠，唯一一次缺席是在位末年因年事过高不能行

动而由亲王代祀。其他凡由皇帝亲祭的祀礼，其仪式大抵与此相似，只是在具体内容上有所差别。至于由有关官员代行的大祭或诸中小祭，仪式没有如此隆重，但在程序上不外乎如此。

祭祀乐舞

在古代礼乐制度中，礼、乐始终相伴而行。在进行重要的典仪活动时，有礼必有乐，无乐不成礼。

古人认为，“凡音者，生于人心者也。乐者通伦理也”；“乐由中出，礼自外作”，礼与乐是同一事物相辅相成的两个方面。

西周初年，周公“制礼作乐”，从此建立了系统的礼乐制度。后世儒家思想中，也明确提出：“安上治民，莫善于礼；移风易俗，莫善于乐。”礼可以规范人们的行为举止，乐可以陶冶人们的道德情操，形成了以礼乐实现社会治理、道德教化功能的政治体系。历代统治者都十分重视礼乐制度的建设，在礼、乐、刑、政“四达之道”的治国方略中，都把礼乐作为重要的政治工具和道德教化手段。

明太祖朱元璋认为，礼仪规范与中正、和谐的雅乐可以克制人们的欲望和非分之想，避免民欲无节、尊卑无序、人伦失范等情况所导致的国家秩序的不稳定，遂把制定礼乐制度作为国之大事。

明代以前，祭祀乐舞称为“雅乐”。明朝建立以后，在新制定的礼乐制度中把雅乐改称为“中和韶乐”。

“中和”是儒家的伦理道德观念。中国古人尊崇“中和”精神，讲求中正、和谐，认为“中和”是万物之源。“韶乐”的寓意则是秉承儒家的以德治天下的政治理念。

“中和韶乐”，这个名字就更突出了雅乐的本质，体现了儒家的礼乐观，以礼乐教化的政治理念。中和韶乐所代表的中华礼乐文化，在历史上对于维系各民族的团结起到巨大的作用，对于维护国家的统一有着深刻的政治意义和历史价值。

中和韶乐作为融乐、歌、舞为一体的艺术表现形式，传承了中华民族特有的乐舞文化。

雅乐源自远古时期的原始祭祀乐舞，周代制礼作乐时，将远古时期的六部乐舞纳入礼乐制度，号称“六代之乐”，即《云门》《咸池》《大韶》《大夏》《大濩》《大武》，分别用于不同的祭祀典礼。

天坛神乐署中和韶乐表演（董亚力摄）

经过改造完善的图腾歌舞、巫觋祭神歌舞，作为礼仪性的音乐舞蹈表现形式，遂成为国家祭典仪式的重要组成部分。

中和韶乐恪守自周秦时期已经形成的，体现“八音克谐”理念的礼乐规制，坚持使用源自华夏本土的“八音”乐器，即以金、石、丝、竹、土、木、匏、革等 8 种材料制作的乐器。乐器是音乐表现的手段和工具，是音乐文化的一个组成部分，同时也是民族文化发展水平的重要标志。中和韶乐坚持使用并保留古代八音乐器形制的礼制规定，在客观上保护了远古先民创造于数千年前的音乐文化成果，成为中华民族音乐文化悠久历史的实物见证。

中和韶乐作为传统的礼乐，历经了周秦、汉唐、宋元、明清王朝的更迭嬗变，跨越了几千年的时空，在保留了原始祭祀乐舞基本特征的基础上形成了独具特色的艺术形式，并积淀了丰厚的历史文化内涵。

明清时期的中和韶乐，用于各种祀典和国家重要礼仪活动。

“八音”乐器（董亚力摄）

区别就在于乐舞的规格等级不同，乐章有多少之分，佾舞有规制之别：释奠孔子仅设“文舞”，先蚕祭祀有乐无舞，皇帝谒陵“设而不作”。天坛祭天的乐舞规模最为宏大，“金声玉振”“八音齐备”，“文德”“武功”舞列“八佾”。融礼、乐、歌、舞为一体，在香烟缭绕、牺牲陈列、肃穆虔诚的祭坛上，随着麾的指挥，乐队奏起悠扬的祭神乐曲，舞蹈者衣服鲜明，佩饰庄严，文舞生手执羽、龠，武舞生手执干、戚，随着乐曲的节奏翩翩起舞，进退有序，场面极为优雅壮观。中和韶乐保留了原始粗犷的形式，它通过平适文雅的音乐、辞句优美的诗歌和姿态翩然的舞蹈，使舞蹈化的节奏规程、符号化的动作和象征性的礼仪有机地组合在一起，不仅表现出祭天大典的肃穆虔诚的精神，而且具有一种嘉乐齐鸣、清歌盈耳的艺术气氛。

明清时期，中和韶乐的管理机构设在天坛神乐署。明代神乐署称神乐观，隶属太常寺管理。清代初沿明制，并于乾隆七年（1742年）增设乐部。中和韶乐分为祭祀乐、朝会宴飨乐和卤簿乐，由太常寺、神乐观、和声署、掌仪司，銮仪卫分别管理，统归乐部领导。

将祭祀乐舞的管理机构建在祭坛内，为朱元璋首创。这里负责培养和训练乐舞人才，“以备大祀天地、神祇及宗庙、社稷之祭”。

明永乐迁都北京时，有 300 名乐舞生随驾进京。此后，明代神乐观常驻乐舞生 600 名左右。到嘉靖年间，神乐观的乐舞生总数达到 2200 名。清朝顺治元年（1644 年），将乐舞生精选裁汰，定员为 570 人，分为乐生 180 名、文舞生 150 名、武舞生 150 名、执事乐舞生 90 名。作为当时最高的乐舞学府，可见其规模之宏大。乐舞生又称“敬天童子”，明朝皆选用年少俊秀的道童和公卿子弟。清朝则选用八旗子弟充任。

凝禧殿『玉振金声』（董亚力摄）

神乐署

设立专门机构管理乐舞和培训乐舞人员古已有之。《周礼·春官》中记载，负责乐舞的职官就有大司乐、乐师、小师、钟师、磬师、笙师等。大司乐专门教授贵族子弟学习乐德、乐语、六舞、六同等，乐师负责教小舞，其他如钟师、磬师等教授各种乐器。

清代设立乐部以后，设管理大臣一名掌管礼乐，也称其为“典乐”，以礼部满洲尚书一人兼之，后改各部侍郎、内务府大臣兼理，有时也特旨简派王公大臣中精通乐律者，没有固定的官员。神乐署设署正 1 人，官职六品，另有署丞 2 人、协律郎 5 人、司乐 25 人、乐生 180 人、舞生 300 人。“皆隶属太常寺，掌郊庙、祠祭诸乐”。

结语

在我国古代社会，坛庙建筑有着极其重要的历史地位和极为丰富的文化内涵。历经元、明、清数代帝王的经营，北京曾经出现的坛庙建筑数以百计，蔚为大观。如今保留的坛庙，也都加以修缮、恢复，成为一份宝贵的文化遗产留与后人。坛庙所承载的祭祀礼乐等非物质文化遗产，也正在被发掘、整理——天坛的祭天盛典、中和韶乐、孔庙的大成礼乐等都已得到恢复，以便让世人能够亲身体验坛庙祭祀礼乐，从而更深切地感受到中国传统文化的精髓。

北京孔庙大成礼乐表演

北京的四合院

/谭烈飞

北京在人类文明史上占有特殊的地位。北京有着 3000 余年的建城史、近 1000 年的建都史、700 余年作为全国政治中心的历史地位，特别是 1949 年成为中华人民共和国的首都，更进一步提升着它的地位、扩大着它的影响。历史是以各种形式来展现的，留存至今的四合院以实物的形式昭示着北京的前行轨迹，自然、政治、经济、文化、风俗习惯都得以在有形的状态下体现出来。

一 四合院的溯源与变化

元大都的建立在北京历史上具有特殊的意义，元大都始建于至元四年（1267 年），于至元十三年（1276 年）建成，这是一座经过周密规划兴建的城市。当时的建设者所规划的依据是《周礼·考工记》，其设想："匠人营国，方九里，旁三门。国中九经九纬，经涂九轨。左祖右社，前朝后市。"马可 · 波罗在其《游记》中对新大都城的街道有过描述：

街道甚直，此端可见彼端，盖其布置，使此门可由街道远望彼门也"。还描写道："全城中划地为方形，划线整齐，建筑房舍。

从文献和实地踏勘来看，元大都的街道布局除城市南部中央的皇城，城北城墙的两座门和城市西部的海子（积水潭）之外，整个城市的街道基本是直线形或丁字形。按照都城的设计，城市分为大街、小街、胡同。两条胡同的距离 50 步（约合 77 米）。北京的胡同和四合院与元大都的规划紧紧地联系在了一起。全城的大街主要以南北向为主，胡同则沿着南北大街的东西两侧平行排列。大都城的居民住宅就分布于胡同的南北两侧，元大都的权贵用分得的土地建造房屋。《元史 · 世祖本纪》有记载：

至元二十二年（1285 年）二月壬戌，诏旧城居民之迁京城者以赀高及居职为先，仍定制以八亩为一份，其或地过八亩及力不能作室者，皆不得冒据，听民作室。

由此可见，“八亩为一份”是原蒙古建房的旧制，而新大都的规划与建设也保持了原来的习惯：按份授地，所以新大都城的房子留下了足够的建房空间。这也与马可 · 波罗所记述的划地为方形、划线整齐建筑房舍、每方足以建筑大房子的文字相吻合。

追溯四合院的历史也应该是从这些房子开始的。在 20 世纪六七十年代，北京修建第一条地铁时，发现了后英房元代居住遗址，地处今西直门内后英房胡同西北的明清北城垣墙基下。尽管这处遗址只保留了明显的房基，但从房基可以了解到整个院子由主院、后院和东西跨院组成，总面积约 200 平方米，主院正中偏北是 5 间正房，前出轩廊，后有抱厦，台阶两侧饰有精美的砖雕“象眼”，院子中铺有高低错落的露道，以连接东西跨院，院落里无南房。北房与厢房之间以围墙封闭，前院到后室中间用穿廊相连，从上看形成一个“工”字形的格局，这与明清时期的四合院有差异。与后英房元代居住遗址同时发掘的还包括：西直门至安定门原北城墙南侧的后桃园胡同、西绦胡同、旧鼓楼大街豁口、雍和宫后身等处。从这些房子的情况来分析，可以明显反映出以下特点：

院落面积较大

后英房胡同的院子是 200 平方米的一个狭长的院子，由围墙围起来。显然，这个院子是为马匹准备的。

规制并不严格

且不说后英房的院子呈“工”字形的格局，不是四合的。即便是按照房子的位置摆放来看，也无规制的制约。在西绦胡同发掘出的居住遗址，从房子的地基来看，整个院子共有 6 间房子，分别是 3 间北房、3 间南房，北房的基础却低于南房的基础；从房子的台阶和面积来看，南房还略大于北房。究竟哪个是正房，也许在元大都时期并没有像后来那样讲究。

建筑材料先进

从发现的元代居住遗址中，我们可以清楚地看到，石材、砖

后英房元代居住建筑遗址主院

瓦、木料基本上是与其以后的建房材料类似。这足以说明，当时北京地区的建筑材料的生产与使用已达到一定的水平。石材基本上采自大都周围的区县。从辽金以来，房山、门头沟等地区一直为城市提供源源不断的建筑材料，特别是元代大都城的兴建，又进一步刺激了建筑材料的生产，砖、瓦、灰、沙、石的生产规模越来越大，这在元代的一些文献中有比较多的反映。

生活设施具有一定水平

在后英房的遗址中发现了烧火做饭用的煤炉，这种煤炉与北京 20 世纪五六十年代居民使用的火炉几乎一模一样，也是铁皮包裹、三条腿，炉面挺大可以放一些需要保温的东西。

这至少可以说明，在当时有经济条件的居民中，已经开始使用煤炭取暖做饭。如果这户居民是蒙古人的话，已经基本脱离了原有的生活习惯，被中原的文化、习惯所同化，迅速地接受和适应了这里的环境。从发掘的几处元代的居住院落来看，这些房子

后英房胡同出土的煤炉

的大门是朝南的，整座院落也是坐北朝南，基本上奠定了以后北京地区四合院形成和发展的格局。

明代与元代的四合院的形制发生了明显的变化。前轩后廊的平面仍在应用，但正房省去台基前接筑的露道，并以抄手游廊代替正房两侧封闭的围墙；“工”字形平面组成的前堂、穿廊、后寝改为按对称轴布置房屋和院落。在建筑规模、式样和装饰上，已有亲王、公侯、品官、百姓四个等级。其四合院的规模可分为大、中、小三种。大四合院房屋设置可为 5 南 5 北、7 南 7 北甚至还有 9 间的大正房。这显然是多重四合院，由多个四合院向纵深相连而成，有前院、后院、东院、西院、正院、偏院、跨院等。院内均有游廊连接各处，占地面积大，并带有花园。中四合院一般是北房 5 间，3 间正房、2 间耳房。东、西厢房各 3 间，前有廊以避风雨，院内另用院墙隔为前院、后院。院墙并以月亮门相通。小四合院一般是北房 3 间，一明两暗或者两明一暗，东西厢房各两间、南房 3 间。院内用砖墁道，青石作阶，连接各处房门。

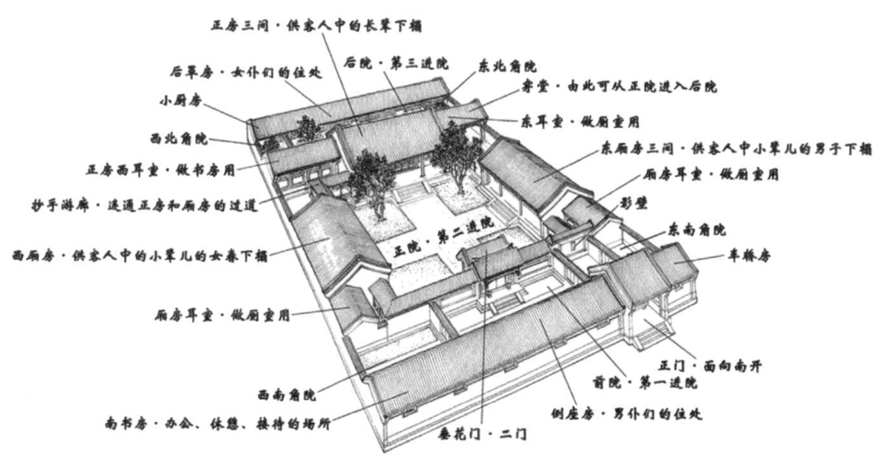

四合院全院示意图

四合院还有影壁、垂花门或屏门、抄手廊、南山墙、后罩房（楼）等附属设施。垂花门、月亮门等分隔里外院，门外是客厅、车房、马号等“外宅”，门内是主要起居的卧室“内宅”。大四合院基本是亲王、公侯和品官府邸、官衙用房，中四合院和小四合院一般是普通居民的住所。

明清时期，北京城的四合院建筑约占民居的一半。从其分布看内城的宅院较大，特别是内城的东北、西北一带集中了标准最好最多的四合院。民国时期，四合院“除掉一部分为机关团体借用，一部分为有产阶级占用，其余的不是化大为小，便是由一家居住而变为几家居住，甚或变为‘大杂院’”。四合院虽“多有渐就颓废者，然一般而言……城内之房，则普通常为砖墙瓦顶，内有广阔之庭院”。[①]20 世纪 30 年代，根据一项调查显示，普通房间一般长 2.6 ～ 3.7 米，宽 2.2 ～ 2.9 米，高 2.2 ～ 2.9 米，被调查的房间容量一般为 18 立方米。[②]

20 世纪 80 年代，根据航测调查，北京保存较好的四合院共有 805 处（不包括当时公布的国家级和市级文物保护单位），用地面积约 115 公顷，其中外城有 96 处，用地面积 9 公顷；内城有 709 处，用地面积 106 公顷，分布多集中在西四北一条胡同至西四北八条胡同一带和地安门锣鼓巷以及景山、东四、丰盛街道办事处所辖范围。[③]

---

① 北京市地方志编纂委员会编：《北京志·市政卷·房地产志》，北京出版社 2000 年版，第 32 页。

②《北平晨报》，1936 年 9 月 17 日，首都图书馆地方文献部藏。

③ 陆翔，王其明：《北京四合院》，中国建筑工业出版社 1996 年版，第 160 页。

二 四合院的建筑形式

北京四合院是历史上北京城市建筑的集中体现。从某种意义而言，它上至皇族，下至平民，代表了封建社会各阶层、各类人群居住的所有建筑形式，集皇家宫苑、王府官邸、名人故居、商贾宅院、平民杂院等为一体。就个体而言，它又是一个缩小了的北京城，政治的、文化的理念与习俗又通过建筑的个体充分地展现出来；而北京的城市又是通过众多的大的、中的、小的四合院汇集而成，创造了一个伟大的城市。

四合院的建造在封建社会有明显的等级性，即便是达官显贵的宅第也不能因为有财、有势而随意建造。一般平民可以根据土地面积的大小、家中人数的多少来建造，小到可以只有一进，大可以到三进或四进，还可以建成两个四合院宽的带跨院的。四合院虽有一定的规制，但规模大小可以灵活掌握，如果可供建筑的地面狭小，或者经济能力无法承受的话，四合院又可改盖为三合院，又称“三合房”，院中不建倒座房。封建社会对房屋的高度、颜色、门的大小以至于门钉的多少都有明确规定。

北京四合院的建筑特征可以通过建筑个体来体现。

大门——四合院的脸面

北京四合院的大门是主人身份的象征。不同历史时期，对大门的等级规定十分严格。包括大门的形式、规模、装修和门的附属物，如影壁、门墩、上下马石等都要相匹配。四合院的大门由于宅院主人身份等级的不同，其式样也有所区别。同一阶层的人们，由于宅院主人财力和喜好的不同，也会有不同的形式。在不同的历史环境下，大门打上了时代的烙印。

作为标准四合院的大门一般都建于庭院的东南部位，按八卦的方位，为巽位。巽，代表风，有入的意思，是最吉利的方向；作为官宅，官属火，巽又代表木，木生火，门开在南边，寓意会官运亨通；大门设在东南向，按“左青龙右白虎”，又在青龙位，青龙为吉。从气候条件看，华北地区风大，冬天寒风从西北来，夏天风从东南来，门开在南边，冬天可避开凛冽的寒风，夏天则可迎风纳凉。

北京四合院的大门根据建筑形式的不同，可分为广亮大门、金柱大门、蛮子大门、如意门、窄大门、西洋式大门、随墙门等。

广亮大门

广亮大门是住宅类建筑中仅次于王府大门的宅门形式，是具有相当品级的官宦人家采用的宅门形式。广亮大门一般位于院落

东南侧的位置，其高度和进深都大于两侧的倒座房和门房，有独立的台基、屋身和屋面，台基一般都高于倒座房和门房。广亮大门的门扉安装在中柱的位置，常常配合撇山影壁，更加展拓了门前空间，使得大门前显得广阔、敞亮，这或许也是广亮大门得名的原因。

金柱大门

金柱大门位于院落东南角的位置，其门扉较之广亮大门向前檐推进到金柱的位置，故名金柱大门。其等级仅次于广亮大门。

金柱大门

蛮子门

蛮子大门

蛮子大门使用得最多，一般富户都能使用，在内城、外城和郊区县都较为普遍。蛮子大门和金柱大门在外观上的区别就是：门扇、槛框、门枕石等开在了前檐柱的位置。“蛮子”一词略有贬义，北方对南方人称为“南蛮子”，有一种说法是到北京经商的南方人将金柱门和广亮门的门扇推至前檐位置，故称为蛮子门。

如意门

如意门是广大平民百姓使用的一种宅门形式。如意门的基本做法是在前檐柱之间用砖砌筑，只在中部位置留一个门洞，门的抱框、槛框、门板和门枕石等构件都装在砖砌门洞上。因在门洞上方左右两角各有一个用砖雕刻成的“如意形”装饰，故称如意门；也有说因为如意门的两枚门簪上经常雕刻“如意”二字而得名。

如意门

窄大门

窄大门也是广大平民百姓住宅使用的一种宅门形式。窄大门不像前几种宅门形式占用一间房屋，它只占用半间房子的空间，因其占用空间狭窄，故名“窄大门”。很多窄大门与倒座房之间共享一道山墙，不像前面几种宅门具有独立的山墙，有的窄大门甚至木架结构是与倒座房为一体，只是在倒座房一端开辟半间砌筑上山墙作为门道，在门道前檐位置安装门扉、门枕石等构件，门扉形式很像蛮子大门去掉了两侧余塞板，显得瘦长。

窄大门

西洋式大门

西洋式大门是近代以后随着西方建筑文化大量传入，后与中国传统建筑结合产生的一种宅门形式。其构架还是传统形式的木构架，在门道前檐位置砌筑出西洋风格的外立面。

随墙门

随墙门是在院墙上开门洞，门洞上部做出一道木质或石质过梁，门洞上安装抱框和门扇，有的甚至没有门墩，只简单地在一块方石上开凿一个海窝承托门轴，构造极其简单。随墙门主要是作为四合院的便门或者三合院使用。

正房——四合院的核心

北京四合院与中国传统建筑一样，有一条明显的中轴线，所有的院内主要建筑全部位于中线之上，是以轴线为核心，形成两

四合院的正房

边左右对称的建筑格局。正房也称“上房”，正房一般都位于院落的中轴线上，是每座院落中体量最大、建筑等级最高的建筑，是中轴线上最突出的核心，四合院的其他建筑则以它为基准而展开。居全宅中心的正房，正中一间是堂屋，通常是举行家庭礼仪、接待尊贵宾客等重要家事活动的建筑。正房的屋架形式多为 7 檩前廊、5 檩前廊或 6 檩前廊，面宽以 3 间或 5 间最常见。

厢房、耳房、倒座房等——各适其位

除中轴线上的主要建筑外，庭院内的房屋建筑则建于中轴线的两侧。这些建筑主要是卧室、厨房、餐厅、厕所等功能用房。全院建筑整齐对称，主次分明，井然有序。

厢房

厢房是位于正房前，院落两侧相向而建的房屋建筑。其房屋形式相同，体量小于正房，屋脊形式一般情况下也会低于正房。多数情况下，东厢房比西厢房体量要稍微大一点，面阔方向上宽 5~20 厘米不等，外观上几乎看不出来。厢房前檐装修多数与正房一致，在明间开门，次间开窗。

耳房

耳房又分为正房两侧的耳房和厢房一侧的耳房两种。一般称正房两侧与正房处于一条直线上、与正房相接且比正房矮小的房屋为耳房；而将厢房一侧、与厢房相接且比厢房矮小的房屋称为厢耳房。

后罩房

后罩房是多进四合院后端临街的房屋建筑，一般都做成通长的数间房屋形式。其屋架结构多为五架梁。后罩房的形制与倒座房基本相同。在古代后罩房也极少开后窗，只在前檐方向安装门窗。更讲究的四合院有的还将后罩房建成两层，变成了后罩楼。

院墙

院墙是连接四合院四周各房屋形成围合状的围墙。北京传统四合院的围墙基本上都是用青砖砌筑。在北京的山区，有的院墙使用石头垒砌，甚至干垒。

倒座房

倒座房是与大门相连的临街建筑，其前檐朝向院内，后檐朝向街巷。倒座房属于整个院落中建筑形制较低的建筑，其建筑形

倒座房

制一般情况下低于大门、正房和厢房。倒座房的前檐开门和窗，后檐则为后檐墙，在古代后檐墙上极少开后窗户。

二门

两进以上的四合院有二门，是内院与外院的重要连接，体现着内外有别。二门的建筑形式有垂花门形式、月亮门形式和小门楼形式。

廊子、过道——串通连接

四合院里的廊子是用于连接院落内各个房屋的、两侧或一侧通敞的建筑物。用于下雨、下雪时行走，四合院内的廊子分为抄手游廊、窝角廊子、穿廊和工字廊等几种形式。

抄手游廊建在垂花门两侧，折向厢房连通至正房的游廊，因为其形似张开环抱的两只手臂，故称“抄手游廊”。近代以后对游廊开始进行改造，把游廊用玻璃封起来，成为屋子的一部分，封起来的廊子又称为“暖廊”。

北京较大的四合院内，院与院之间或路与路之间有的不以房屋或者围墙分割，而是建造一条廊子做空间上的分割、沟通，这种廊子称为“穿廊”。

廊子一般都是过垄脊筒瓦屋面，木构架多为四檩卷棚顶。廊子的柱子也多不采用房屋通常使用的圆柱，而是采用方柱或梅花方柱，柱子的颜色多为绿色。近代至民国时期的廊子也有一部分平顶廊子，不使用三角形梁架，而是直接将梁横架在柱子之上，再铺屋面。

游廊

院落内用于沟通前后院而在次要房屋上开辟或单独建造的通道统称过道。坐北朝南的四合院，进深方向的过道一般都将东耳房东侧半间开辟为过道，坐南朝北的院落通常开在西南耳房靠西的半间。

三 四合院的文化特征

北京四合院蕴藏着中华传统文化的精华，其不同位置的装修和装饰将这种精华发挥和展示到了极致。

四合院中，院必有图，图必有意，意必吉祥。它将人们对美好生活的追求和向往，将世间能达到的和不能达到的美好境界，都通过不同位置的装饰展现出来。走进四合院，映入眼帘的各种文化符号，使人们犹如进入传统文化的艺术殿堂。

充分展示不同的艺术形式

讲究建筑的雕刻和雕饰，是北京四合院建筑的一大亮点。这些建筑艺术处处体现着民俗、民风和民族传统文化，寓意深远、内容丰富，具有很高的建筑艺术价值。

四合院建筑中的雕刻艺术多以砖雕、石雕、木雕等形式体现

集石雕和木雕为一体的大门

出来。石雕、砖雕多见于大门的门头、门额、看面墙、戗檐砖、门墩以及影壁等众多的建筑构件；木雕多见于门窗装修以及建筑内部等，例如花罩、落地罩、圆光罩、槅扇等。这既满足了建筑构件上功能的需求；又具有观赏效果，从而达到了实用性与艺术性的完美统一。雕刻手法有平雕、浮雕、透雕等。平雕是通过图案的线条来表现，例如，大门内侧的象眼或者看面墙的一些雕饰；浮雕是突出立体感，给人一种呼之欲出的真实感觉，例如，戗檐砖、影壁、门头、门墩等；透雕常见于落地罩等。四合院的雕刻内容十分丰富，涉猎广泛。主要内容分为吉祥如意、避邪、祝寿、风雅以及富贵吉祥等不同的类型。有动物图案，例如：狮子、麒

福禄寿砖雕

麟、马、牛、羊、猴、鹿、蝙蝠等；花卉、花鸟图案有梅、兰、竹、菊四君子，松、柏、寿桃、石榴、莲花、牡丹、葡萄等，还有如“松鹤延年”“喜鹊登梅”等吉祥寓意的吉祥图案；文字图案有吉祥如意、寿字、福字、万字、平安等；风雅图案有书卷、明八仙、暗八仙等故事以及诗词、博古等。除此之外，附在抱柱上的楹联、大门上的门联以及悬挂在室内的书画佳作，更是集贤哲之古训，采古今之名句，或颂山川之美，或铭处世之学，或咏鸿鹄之志。无一不风雅备至，充满浓郁的文化气息，给四合院建筑营造了一种书香翰墨、内涵丰富的氛围。

北京四合院大门门头上的砖雕最具代表性，是四合院重点装饰的部位。北京的广亮大门、金柱大门和蛮子门多在墀头上端做醒目的砖雕。题材内容多样，如鹤鹿同春、松鼠葡萄、子孙万代、

砖雕

博古炉瓶、玉棠富贵等。如意门砖雕最主要的部位是门楣栏板砖雕。雕刻题材有福禄寿喜、梅兰竹菊、文房四宝、玩器博古等，多根据主人的理想抱负、志趣爱好选材。

影壁

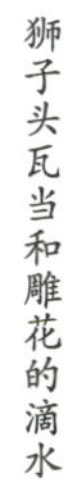

狮子头瓦当和雕花的滴水

影壁也是四合院重点装饰部位之一。在影壁中心和四角部分做中心花和岔角花砖雕较多。多以四季花草、岁寒三友、福禄寿喜为题材；有些影壁则在中心部位雕出砖匾形状，其上刻“吉祥”“平安”“如意”“福禄”等吉辞。

在北京四合院的建筑中，主要装饰部位为屋脊、瓦当和椽头。在大门象眼和门廊象眼处比较讲究的四合院会做砖雕。平顶房屋外围的砖栏杆、排放雨水的阴沟沟眼、用在花砖墙墙帽上的砖雕、花瓦等，砖雕艺术在北京四合院中的应用特别广泛。

北京四合院中的石雕艺术主要在以下地方用得较多：

门墩

北京四合院的门墩多由青白石、大理石制作，或为抱鼓形门墩、或为箱形门墩，还有狮子形门墩、柱形门墩等造型。石制的门墩上有不同程度的雕刻，抱鼓形门墩由鼓身和鼓座组成。鼓座是位于须弥座上的部分，一般做成荷叶向两侧翻卷的造型。鼓座上部即是鼓身，鼓身两面有鼓钉，鼓面有金边，中心为花饰，鼓身两面的鼓心图案常见有转角莲、牡丹花、荷花、麒麟卧松、犀牛望月、松鹤延年、狮子滚绣球、五世同居等；鼓身的正前面多用浅浮雕雕刻，图案一般为如意纹、宝相花、四世同堂等。在鼓身的顶部一般为圆雕的兽吻或狮子造型，狮子有蹲狮、卧狮和趴狮等不同形态。

门墩

上马石

上马石位于宅院门外左右两侧，雕刻的上马石下部刻出奎脚形状，上面刻成包袱形状，包袱上面浮雕出精美的锦纹或吉祥图案。如：刻上狮子，意为驱邪避恶，避免鬼怪等对人和马的伤害；刻上猴子，意为能弼（避）马温（瘟），弼马温是齐天大圣孙悟空的雅号。

拴马桩

拴马桩位于宅门外。洞口一般用石块雕凿而成，有些洞口石块的里口会刻上浮雕纹样加以美化。

上马石

泰山石敢当

泰山石敢当，四合院内传统风水理论中做“镇宅辟邪”之用，主要设置在朝向道路的临街房屋的墙角或山墙位置。为长方形石条，上端刻成虎头形状，虎头下面刻有“泰山石敢当”字样，条石下端也刻有纹饰。

泰山石敢当

陈设墩

庭院中用于摆放盆景、奇石、鱼缸等陈设之物所用的单独石座，称陈设墩。陈设墩很多是石制而成，造型多为方形、圆形或各种须弥座的组合形体。雕刻有自然花草、锦纹，偶尔也有动物、人物故事等。

石桌凳、石绣墩

石桌凳、石绣墩是庭院中必不可少的陈设物。石桌多为圆桌，由桌盘和桌座两部分组成，桌盘呈圆形，桌座一般做荷叶净瓶造型。石凳和石绣墩造型基本相同，类似鼓形，所不同的是石凳多为素面，石绣墩则在鼓身表面雕刻出各种花卉、寿面、吉祥图案。雕刻技法有圆雕或透雕。

木雕

木雕是北京四合院中的重要特色，主要见诸于建筑的梁架构

木雕雀替

件，外檐与室内等部分装饰装修，其中外檐部分主要包括各式门窗、栏杆、挂落等；室内部分主要包括分隔空间的纱隔和花罩，以及形式多样、雕工精美的室内陈设家具。

宅门

宅门的门簪、雀替、门联采用木雕花饰。门簪正面雕刻题材有四季花卉——牡丹（春）、荷花（夏）、菊花（秋）、梅花（冬），象征四季富庶；有吉祥文字——团寿字、“福”字或“吉祥”“平安”等吉祥祝词；有汉瓦当等图案。雕法多采用贴雕，雕好以后贴附于门簪看面上。雀替用于广亮大门、金柱大门，还有檐枋下面；其上雕刻内容多为蕃草，均采用剔地突雕法。门联亦是宅门的雕刻内容之一，镌于街门的门心板上，通常采用锓阳字雕，属隐雕法，字体多为行书、隶书、魏碑、篆字等。

垂花门

垂花门的雕刻最具特点。花罩、花板、垂柱头都经过了精心雕琢，垂花门的罩面枋下多用花罩，其雕饰内容多为岁寒三友（松、竹、梅）、子孙万代（葫芦、藤蔓）、福寿绵长（寿桃、蝙蝠）之类民俗中常用的吉祥图案组合；也有少数大宅门采用回纹、万字、寿字等汉文组合成的万福万寿图案。在垂花门正面的檐枋和罩面枋之间，由短折柱分割的空间内嵌有透雕花板，雕饰内容以蕃草和四季花草为主。垂花门的垂柱头有圆、方两种形式，圆柱头雕刻最常见的有莲瓣头，形似含苞待放的莲花，还有二十四节气柱头（俗称风摆柳）；方柱头一般是在垂柱头上的四个面做贴雕，内容均以四季花卉为主。垂花门上面的垂柱与前檐柱之间安装的

垂花门

骑马雀替或骑马牙子也做雕刻(同雀替)。讲究的垂花门，还会在月梁下的角背上附有精美的雕饰，使得垂花门格外华丽。

隔扇门

隔扇门是用于房屋明间外檐的门，由外框、隔心、裙板、绦环板及若干抹头组成。一般为四扇，抹头数目有四、五、六3种。格心用木制棂条花格，王府隔扇门多用菱花格，裙板、绦环板上施以浮雕、贴雕或嵌雕，花饰为如意、花卉、夔龙、福寿图案及风景、人物、故事画幅等。

窗扉

窗扉中槛窗、支摘窗间用木棂条组成盘长、步步紧、龟背锦、马三箭、豆腐块、冰裂纹、万字不到头等图案，局部设有花卡子，分圆形与方形，图案有蝠、桃、松、竹、梅等。

北京四合院的木雕装饰图案多以象形、会意、谐音、几何图案等手法构成艺术语言，来托物寄情。我们的先祖崇拜天地，并以圆喻天、以方喻地，因此木雕装饰中所采用的图案多以方圆为主。[①]

北京四合院的主色调是青灰色。然而，进入到院内，与外部形成强烈反差的是在门窗等木结构上的彩绘，眩目明亮，色泽多采用大红大绿的颜色，根据所饰画部位的不同，内容与题材也有所区别，体现了各自的特点。

大木构架彩画以苏式彩画为主，色彩多为青绿色，但在某些基底色上也做诸如香色、三青、紫色等其他颜色装饰。图案以山

① 高梅：《北京四合院的雕刻装饰艺术》，载于《中华民居》2011 年第 10 期。

水、花卉为主。在北京四合院中椽柁头仅作油饰者居多，常用大青色、大绿色涂刷。飞椽彩画多采用“卍”字、“圆寿”字或“栀花”图样，其中“卍”字图样由于具有工整、醒目、精细的特点，同时适合于方形飞椽的构图，所以在北京四合院中应用广泛。檐椽彩画则以“寿”字纹样为主，也可见“蝠寿”“柿蒂花”等纹样图案。柁头彩画，较为常见的纹样包括“博古”“花卉”“汉瓦”等图案。

室内顶部的天花彩画形式多样，除王府中所采用的龙纹天花外，其余天花形式有“团鹤天花”“五蝠捧寿天花”“玉兰花卉天花”“牡丹花卉天花”等。同时，天花岔角彩画以五彩云和把子草纹样使用最为广泛。

北京四合院的门簪彩画一般与门簪的形式相配合，无雕刻的门簪常以油饰涂刷，不作彩画装饰。对于门簪刻字或雕花者，则

木雕彩绘

作相应彩画装饰，如雕刻“寿”字贴金，雕刻四季花卉则涂以相应的色彩。

宅院的广亮大门、金柱大门和垂花门上的雀替常雕刻花纹，并施画相应的色彩。“花活”则主要指额、枋间的花板以及相关的花牙子、楣子等，这类彩画在垂花门或游廊上常见，色彩以内容或大木彩画作参考施画。此外，垂花门的垂头又依照形式不同作彩画，如垂莲柱头在各瓣的色彩以青、香、绿、紫为序绕垂头排列，而方形垂头则依照各面雕刻内容的不同作相应的彩画装饰。

充分展示主人的精神向往和追求

北京四合院中的各种装饰内容十分丰富，包括：

有自然界中的树木花草，包括松、竹、梅、兰、菊、牡丹、灵芝、荷花、水仙、海棠、石榴、葫芦等，寓意深刻。如松象征长寿，竹象征耿直气节，梅象征清高，兰象征清雅，菊象征高雅，牡丹象征富贵荣华，灵芝象征吉祥如意，荷花象征出淤泥而不染

博古砖雕　　花篮花草砖雕

的高洁，石榴和葫芦则象征多子多福。

有现实和神话中的动物，如狮子、蜜蜂、喜鹊、麻雀、蝙蝠、仙鹤、大象、梅花鹿、马、猴、羊、龙、凤、麒麟等人民理想中的吉祥物。

有用于室内装点的古玩摆饰、文房四宝、画卷等，常见的有青铜器皿、宝鼎、酒具、宝瓶、炉、书案、博古架、画轴等，充满文化气息。

有蕃草图案，主要有兰花纹、竹叶纹、栀花纹等，用以配饰。用以配饰的还有锦纹图案，如使用回纹、万字不到头、如意纹、云纹、扯不断、龟背锦、丁字锦、海棠锦、轱辘钱、盘长等烘托主题；而福字、寿字、卍字等文字类的锦纹有的用作周围装饰，有的则直接放置在整幅雕刻中，起到点题的作用。

有人物故事，如竹林七贤、三国演义、西游记等。还有福、禄、寿题材等。

有宗教法器题材，比较常见的有“暗八仙”和“佛八宝”。八仙是道教的8位仙人：铁拐李、汉钟离、张果老、蓝采和、何仙姑、吕洞宾、韩湘子、曹国舅。这8人所持法器各不相同，铁拐李持葫芦、汉钟离持芭蕉扇、张果老持渔鼓、蓝采和持花篮、何仙姑持莲花、吕洞宾持宝剑、韩湘子持横笛、曹国舅持阴阳板。在砖雕图案中，常用这8种法器来隐喻这8位仙人，故称“暗八仙”。“佛八宝”即法轮、宝伞、盘花、法螺、华盖、金鱼、宝瓶、莲花，统称“八宝吉祥”。另外，佛教纹饰中的西番莲、宝相花在四合院中应用也较多。

更多的是具有象征意义的组合图案。采用象形、谐音、比拟、会意等手法，即用每种图案代表的寓意或图案发出的谐音串联起来表达含义。如：

用松、竹、梅组成“岁寒三友”，象征文人雅士的清高气节；

以灵芝、水仙、竹子、寿桃组成“灵仙祝寿”；

以牡丹、海棠组成“富贵满堂”；

以牡丹、白头翁组成“富贵白头”；

以松树、仙鹤组成“松鹤延年”；

以松树、仙鹤、梅花鹿组成“鹤鹿同春”；

以寿字、蝙蝠组成“五福捧寿”；

以葫芦及藤蔓组成“子孙万代”；

以蝙蝠、石榴组成“多子多福”；

以花瓶、月季组成“四季平安”；

以如意、宝瓶组成“平安如意”；

鹤鹿同春砖雕

以柿子、花瓶、鹌鹑组成“事事平安”；

以梅花、喜鹊组成“喜上眉梢”；

以桂圆、荔枝、核桃组成“连中三元”；

以莲、鱼组成“连年有余”；

以蝙蝠及铜钱组成“福在眼前”；

以柿子和卍字组成的“万事如意”等。

北京四合院的这些文化现象，表现了在一定历史条件下人们对幸福、美好、富裕、吉祥的追求。

文化情趣和主人的身份地位相一致

历史上，北京的院落是有严格的等级限制的，对房子的高度、建筑形式与装饰都有着严格的等级规定。明洪武二十六年（1393年）据《舆服制》记载：

官员营造房屋不许绘藻井，公侯前厅用金漆及兽面锡环。一品二品厅堂梁栋斗拱檐角青碧绘饰，门黑油锡环。六品九品厅堂，梁栋饰以土黄，门黑油铁环。三品六品厅堂梁栋只用粉青饰之。庶民庐舍不过三间五架，不许用斗拱饰彩色。

清代，对官民房屋油饰彩画装饰的规定比明代有了较明显的放宽。据《大清会典》载：

顺治九年（1652年）定亲王府正门殿寝凡有正屋正楼门柱均

红青油饰，梁栋贴金，绘五爪金龙及各色花草。凡房庑楼屋均丹楹朱户，门柱黑油。公侯以下官民房屋梁栋许画五彩杂花，柱用素油，门用黑饰，官员住屋，中梁贴金，余不得擅用。

在这样的制约下，房屋的主人不可能在房子的建造上下大工夫，只能把情趣与自己所处的地位和爱好联系在一起，主要体现在屋内的陈设上。

房屋主人最注重的是堂屋的陈设，一般在堂屋的中心是靠墙的翘头案，案前放有八仙桌，桌两侧各配一把扶手椅。翘头案上的陈设因堂屋使用性质不同而异，一般摆设物品不超过 5 件，并采用中心对称分布。其上墙面正中悬挂中堂字画，两侧配以挑山。八仙桌上一般仅放置果盘或茶具。堂屋两侧往往摆设靠背椅，用于待客，座椅之间摆放有半桌。所不同的是中堂的字画，有的是以名人字画为主，有的则侧重于字画的内容，主要体现伦理道德观，反映人与自然、人与人和谐相处；有的表现动植物的丰富多产，果实谷物的丰收；崇尚自然，赞美自然中万事万物的变与不变，变的是四季的更替，不变的是大自然状态；有的重人文教养，从道德和艺术入手进行人格理想和人生境界的展示，将传统艺术要素与现实的需要相结合；有的表现了中国传统造物文化的“物以载道”的思想。

居室的陈设核心是床榻或炕。榻或炕一般设置于临窗的位置，便于取暖和采光，其上放有炕桌、炕柜、炕箱等。床一般沿后檐墙放置。在山墙一侧放置连二橱、连三橱或闷户橱。其上放着各种生活用具，如帽镜、胆瓶等，其余物品的摆放则根据主人的身份、喜好而定。书房是供人读书使用的房间，兼有会客之用，一般设置于次间、梢间或套间，或另在跨院单独设置。中国历代文人雅士都十分重视自己的书房，因为体现着主人的精神世界。书房的设置具有多样性，但一般都是以书桌作为布置核心。书房置多宝格或是书架，其余陈设则随主人喜好而定，一般都放有琴几、棋桌。此外书房内一般都悬挂有书法字画，其内容因人而异，往往表明主人的情趣与志向。还有的为自己的书房冠以名称，大都有渊源、有故事、有含蕴，标示着书斋主人的志趣、品位、好尚。有的借景观以名，有的崇古抒怀以名，有的张扬个性以名，有的托物言志以名，有的谦辞以名，有的显物耀宠以名，有的藏玄隐意以名①。清代文学家李渔的书斋名“芥子园”，史学大家钱大昕取“潜研堂”作斋名，京剧“四大名旦”之一程砚秋的书斋名是“御霜”，纪晓岚的书斋名为“阅微草堂”都是这些内容的具体体现。

大凡有身份人家的四合院，室内一般都不砌成固定隔断，间与间多采用木隔扇分成小单元。这种形式拆启自由，灵活方便，可以根据需要随时变更空间。精巧、轻便的木隔扇又可作为一种特殊的室内装饰品，给人带来一种舒适典雅之美感。因为木隔扇有多姿多彩的窗格，还镶有玲珑剔透的木雕花卉，每扇格心板上或浮雕花纹，或附以彩绘。风韵独特的细木装修，使居室气氛充满了温馨与浪漫的气息。

房子的楹联也可以体现主人的地位和信仰。楹联文字凝练，含意深厚，富有哲理，涉及立志、惜时、勤学、修身、气节、为政、处世、谦虚、交友、治家、爱国等内容，它们阐述立志修养、

---

① 林永强，张晓芳：《谈书斋名号中的文化意蕴》，载于《边疆经济与文化》2005 年第 9 期。

为人交友、勤学处世、治家爱国的道理。从内容上看，有激励子孙、期望后世发达拓展光大门庭的；有立身持家、提倡忠厚、勤劳、节俭、向善、和平理念的；有清新雅致、淡泊明志的；有品位理想、寄托精神的。有的书香门第宅主把“忠厚传家久，诗书继世长”的楹联直接刻于木门上，金字黑漆的大门沉稳庄重熠熠生辉，极富“书香门第”之尊严。

有些悬挂的匾额，是“化被草木、勤政爱民”，有些楹联写的是“书为至宝一生用，心作良田万世耕”，便可进一步知道这是位科举出身文官，志向高远。

楹联

四 四合院的环境氛围

北京四合院，所追求的是生机和活力，主人非常重视庭院内的环境美化和绿化，选择适宜的植物品种，既有各种树木也有各种花卉。

四合院中的树木花卉是院落的重要组成部分。树木和花卉的选择具有以下几个特点：一是适应北方气候环境的需要，季节感明显；二是不破坏四合院内的房屋建筑；三是有美化环境的效果；四是从树木花卉的读音上有美好寓意的谐音；五是不易有病虫害和易生对人体有伤害的昆虫。树木的品种基本上都是落叶、矮小的乔木和灌木，多数属于“春华秋实”（春花秋实）型，即春天开花，此谓“春华”，可以美化庭院的环境，使庭院当中春意盎然，足不出户尽得春意；秋天结果实，此谓“秋实”，院内硕果累累，一派丰收景象。

四合院中的绿化

海棠

海棠在四合院中种植较多，寓意富贵、兄弟和睦之意，海棠花则有美女的含义。另外，老北京经常将海棠和院内的鱼缸内的金鱼联系，谐音“金玉满堂”。在清代著名学者纪晓岚的故居中，后院仍保存着当年种植的海棠；李大钊在北京西城区的旧居内也种植有海棠树；东城区史家胡同的章士钊旧居的院内的海棠至今仍然茂盛；西城区的郭沫若旧居内仍然有当年种植的海棠；后海北沿宋庆龄故居内的西府海棠已经有一百多年的树龄了。

石榴树

石榴树是北京四合院内绿化植物的代表之一，是四合院内最常见的花木之一。火红的石榴花，再加上果实饱满呈颗粒状，被

四合院中的石榴

赋予了丰富的内涵，寓意富贵吉祥、喜庆和多子多孙，“多子多福”，在中国传统观念中有特殊的影响。

枣树

枣树属于“春华秋实”的树种，在四合院中种植得也比较多，不仅有早生贵子的寓意，还是秋天得以享受的水果，尤其是秋天成熟时节，树叶泛黄，果实通红，院落呈现出一派殷实气息。

藤萝

藤萝也是北京四合院的一种特色绿化植物，尤以紫色的藤萝种植为多，有的就在院子中央架起藤萝架，三月现蕾，四月盛花，花串悬挂于绿叶藤蔓之间，迎风摇曳，以其为题材咏诗作画的文人很多。藤蔓还可做成姿态优美的盆景，置于高几架、书柜顶上，繁花满树，老桩横斜，别有韵致。盛夏，花谢而枝叶繁茂，可以在棚下庇荫。

纪晓岚故居中的藤萝

葡萄

葡萄也是四合院中种的比较多的植物，天棚爬上葡萄藤，葡萄藤下一家人相聚，别有一番景致。

四合院的花卉，以牡丹、菊花、荷花和芍药最为常见。

牡丹

牡丹是百花之王，花形雍容华贵，寿命很长，寓意富贵。

菊

菊在北京有着悠久的栽培历史，元、明时期民间养花就以菊花为主，因此北京把菊花选定为市花，被称为花中“四君子”之一。菊花姿色俱佳，并且傲霜凌寒不凋，深得人们的喜爱。

荷花

荷花又称莲花、芙蓉，被古人赞为花中君子，“出淤泥而不染，濯清涟而不妖”，成为它品质的象征，古人爱莲更爱莲的品质精神。北京的四合院中有很多种植莲花的，但是由于北京缺水，则有的砌筑一个小池子，有的则种植于庭院内的大鱼缸内，形成了鱼戏于莲的情景，并寓意连年有余（莲年有鱼）。

芍药

芍药被称为花相，其与牡丹是一对姊妹花，花形相像，也是富贵的象征。

四合院中要有水。大的院子有私家花园，会开渠引水，给整座院子带来生机活力。但是这样的院子在北京毕竟是少数，更多的是在院子中摆上鱼缸，也有的在院子里放几个大水缸，水代表着聚财，又可以增加活力，也有防火储水等多方面的作用。“天棚鱼缸石榴树”构成四合院中的重要景致，时至今日还被人们津津乐道。

五 四合院的价值

北京的四合院是世界建筑史的杰作，见证了古城历史的演进，是世界上独一无二的建筑财富。如果没有大面积的四合院和胡同，北京城的古都风貌、北京的历史文化血脉将被割断。古老的北京离不了四合院，四合院是这座历史文化名城的细胞。

北京四合院的价值有几方面尤为突出。

其一，烘托出北京不同凡响的特殊地位

作为历史文化名城、世界著名古都，北京城市的中心是从明初保存至今的皇城、宫城，金碧辉煌的宫殿，高低错落的红墙。这些建筑既威严肃穆，又气势恢宏，而排列在皇城外的条条胡同和胡同中以灰色为主的四合院，以其特有的形状、色调、高度起到了特有的衬托作用。从明代就可以从有关的资料中获知，四合

院所有的建筑形式、建筑高度都受到严格的限制，即便是清代的王府，也不能有任何的僭越。从整个城市的布局来看，宫城、皇城、内城、外城都是一个相互配套的整体，中心的壮观和四周的平缓、中心的强烈色彩和四周的灰墙灰瓦，都形成巨大的反差，内城和外城中的胡同与四合院都是这个整体不可或缺的部分，没有胡同和四合院就无法烘托出城市中心、帝王的地位。

■ 其二，承载北京灿烂的历史演绎

北京的历史是通过有形的建筑来反映的，北京的胡同有准确的文字记载是从元代开始的，曹尔泗所作《“胡同”小考》记载：

（胡同）最早见于元曲，如关汉卿的《单刀会》中有“杀出一条血胡同来”的词句。还有元杂剧《沙门岛张生煮海》中，张羽问梅香：“你家住哪里？”梅香说：“我家住砖塔儿胡同”。由此可见，胡同之名始于元代，至今有七百多年的历史了。①

胡同和四合院在北京的政治史、文化史、民族史、社会史上都具有特殊的地位，在不同的历史阶段中紧紧地与北京历史行进的步伐联系在一起。一些大的历史事件、历史人物都与胡同和四合院相关联，就像火烧赵家楼与“五四运动”联系在一起、小杨家胡同与老舍联系在一起一样，四合院承载着北京历史前进脚步的印记。

---

① 曹尔泗：《北京胡同丛谈》，载《北京史大事经年 · 北京胡同丛谈》，北京史研究通讯增刊本，1981 年版，第 45 页。

其三，体现了北京厚重的文化底蕴

在胡同和四合院中，保存有不同时期的多种文化内涵。有内容丰富的京城传统民俗文化，城市的衣食住行、婚丧嫁娶、生老病死的各种习俗都在胡同和四合院中得以体现和传承：有历代名人故居文化，北京是一个历史人文荟萃的地方，古往今来在中国历史上，乃至世界历史上的政治家、科学家、艺术家，都与胡同、四合院联系在一起，留有他们的故居，有的就是在这些院落中留下不朽著作，创造了举世瞩目的不朽篇章；有鲜明的街区胡同文化，如城南以天桥为代表的平民文化娱乐场所，以传统会馆为代表的宣南文化区，以四合院民居为代表的南北池子、南北锣鼓巷等，其中著名的有什刹海地区，它是元代以来逐步形成的，包括

西四砖塔胡同的万松老人塔

王府庙宇、四合院街巷、商业老字号及历史河湖、传统园林等多种文化遗存；有多民族融合的文化，在元代的大都城内就已汇集了全国各少数民族在此居住和生活，其中居住人口较多的有满族、回族、蒙古族、维吾尔族、苗族等，多分布于全市各处的四合院、胡同区域内，有的形成了本民族的聚集区，如牛街是北京回民最大和最古老的聚居区。各个民族都有自己独特的生活习惯和宗教信仰及岁时节日等，各有其遵循的习俗。历史上各民族所信仰的汉传佛教、藏传佛教、正一道教、伊斯兰教的各种寺、院、观、庙、堂、宫等在北京城比比皆是，都受到尊重和保护。北京还有众多的与胡同和四合院联系在一起的近现代革命文化及遗迹。

■ 其四，显示着人们对美好生活的向往和追求

在四合院的装饰、彩绘、雕刻乃至院落种植的花草树木中，处处蕴含着象征人们对幸福生活追求的寓意。有对多子多福的兴旺企盼，石榴、葫芦、瓜、葡萄这些多福象征的水果，是老北京四合院里最为常见的植物。在植物中，莲荷多子，又洁身自好，出淤泥而不染；梅、兰、竹、菊清雅而不畏寒，象征文人的气节和高洁；牡丹象征高贵富丽，有对长寿康宁的吉祥追求，寿为“五福之首”，在北京四合院中“寿”也是最为常见的主题，影壁、砖墙上常常刻画有松鹤延年图；有对富裕生活的向往，直观地体现在四合院的吉祥文字或图案之中，如裕、足、丰、盈、满、殷等祝词，通常这些字会被雕刻或贴挂在房屋的门框、窗户、门簪、墙面等处，表现出对生活富足、仓廪殷实的渴求。还常用仙鹤、鹿、蝙蝠、牡丹、莲荷、石榴、寿纹、卍字纹等来表达长命百岁、

吉祥如意、多子多福等祈福内容。谐音是最常用手法，如莲与年、荷与和、鱼与余、蝠与福、瓶与平等。梅与眉谐音，喜鹊与梅花组合喻意喜上眉梢；莲与鱼组合为年年有余；瓶中插月季花为岁岁平安。对封侯拜相的梦想，这一主题体现在马上封侯（猴子骑马立于树下，树枝上挂一个蜂窝）、封侯挂印（松树上挂有蜂窝和一方印，猴子在摘印）、梅花鹿（鹿谐音禄）、牡丹（寓意富贵）、玉兰海棠（寓意玉堂富贵）等吉祥图案中。

其五，昭示着人与人、人与自然的和谐关系

北京四合院宽敞明亮，阳光充足，视野开阔，有居房，有甬道，有天井，生活、休息、娱乐皆可。四面房屋既各自独立，彼此之间又有游廊连接，院落宽绰疏朗，便于起居和休息。四合院对外是封闭式的住宅，只有一个街门，关起门来自成天地，具有很强的私密性，非常适合独家居住。院内四面房子都向院落方向开门，一家人在里面休养生息，和睦相处，其乐融融。庭院是户外活动场所，种植有葡萄、紫藤等，养有小鹦鹉。天棚、鱼缸、石榴树，也是四合院里常有的。在院子种夹竹桃等，尤其石榴树是老北京的四合院必种的植物，无论开花还是结果都是火红火红的，连籽都带有红色，是吉祥的象征。在院落中水是必不可少的，由于水景受到限制，不可能院院都有活水，老北京四合院中央常常摆上一只或数只很大的鱼缸，一是为了观赏，二是能够调节空气，更重要的是增加了人与自然的亲近关系。有的院落宽敞，便可在院内植树栽花，饲鸟养鱼，叠石造景。居住者不仅享有舒适的住房，还可分享大自然赐予的一片美好天地。

其六，在中国城市史、建筑史中具有不可替代的地位

北京四合院属于典型的木构架建筑，是砖木结构建筑的结合体，房架子檩、柱、梁（柁）、槛、椽以及门窗、隔扇等均为木制，木制房架子周围则以砖砌墙。梁柱门窗及檐口椽头都要油漆彩画，虽然没有宫廷苑囿那样金碧辉煌，但也是独具匠心。墙常用磨砖、碎砖垒成，正所谓“北京城有三宝……烂砖头垒墙墙不倒”。屋瓦大多用青板瓦，正反互扣，檐前装滴水，或者不铺瓦，全用青灰抹顶，习惯称“灰棚”。四合院的建筑色彩多采用材料本身的颜色，青砖灰瓦，玉阶丹楹，墙体磨砖对缝，工艺考究，虽为泥水之作，却犹如工艺佳品。中国的三雕——木雕、砖雕、石雕艺术著称世界，从北京的四合院也可以领略到。

六 北京胡同和四合院的研究、保护和利用

通过对北京胡同和四合院的研究，人们普遍认为四合院建造深受儒家哲学思想影响，体现着礼与乐的统一，等级性、规范性，造就了严整、凝重、和谐的建筑品格。北京胡同与四合院，是中国古代城市规划理念的重要体现，是中国传统城市艺术的真实写照，是古代社会培育“修身”“齐家”人生观的生活环境，是我国传统民居的典型代表。其装饰、装修中体现出“图必有意，意必吉祥”的特点，处处反映出人们对幸福生活的向往。

在对北京胡同和四合院的保护与利用上，有学者建议从类型学角度分析研究北京胡同的演变过程，从根本上认识其价值层次。政府及相关部门应当尽快制订出一套综合研究、评判四合院的指标体系，将四合院保护与利用作为一种产业来经营。应开展四合院、胡同的普查工作、价值评估并形成工作档案，开展对四合院、胡同文化内涵的研究、发掘工作。四合院保护与发展之路在于保

得好、用得通、改得对、拆得值。除居住之外，还应在实践中自发形成四合院多功能、有活力、开放性的复合社区。

北京城是以胡同街巷系统为骨干，开阔平缓的平房四合院为主体的历史悠久的文化古城。由于建筑结构与建筑材料的原因，其中许多平房已经成为危旧房屋。再加上近些年建设性的破坏，北京旧城的历史风貌正在逐渐消失。北京旧城最有价值、最值得保护的部分就是胡同和四合院，然而胡同和四合院一直是北京旧城保护的难点之一，《北京历史文化名城保护条例》的颁布，对如何保护奠定了基础。要妥善处理好保护与发展的辩证关系，用发展的眼光分析旧城保护与改造，体现文化战略的要求、城市竞争的需要、循序渐进发展和以人为本等理念。要正确处理好房地产开发与危旧房改造的关系，北京的老城区 62.5 平方公里，每条胡同、每座四合院都要以文物的观点予以审视。严格控制旧城人口发展规模、建设规模，特别是住宅建设规模。调动群众的积极性，吸引和发挥各种投资的软、硬件环境条件。

北京古城是一件完整的文物，具有严谨性与不可分割性，它的胡同、四合院依然是中国的唯一、世界的唯一。北京古城悠久的历史与丰富的文化内涵，不可再生、不可替代的文物属性与文化魅力，我们必须倍加珍惜。

参考文献

1. 陆翔、王其明 :《北京四合院》，中国建筑出版社 1996 年版。
2. 顾均 :《北京的四合院与名人故居》，光明日报出版社 2004 年版。
3. 段炳仁 :《北京胡同志》，北京出版社 2007 年版。
4. 北京市地方志编纂委员会 :《北京志 · 市政卷 · 房地产志》，北京出版社 2000 年版。

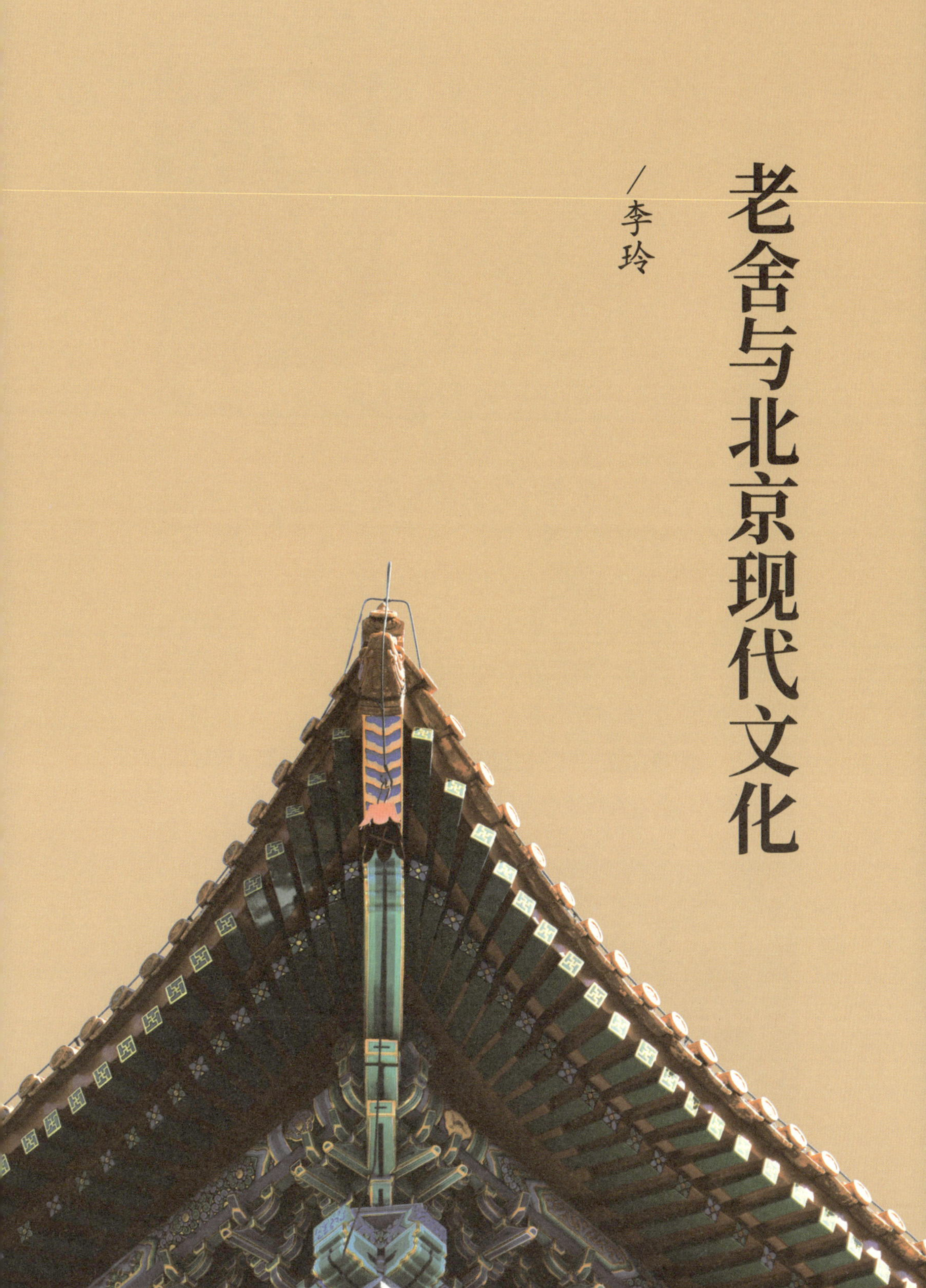
老舍与北京现代文化
/李玲

老舍（1899~1966）1929年摄于巴黎

老舍（1899~1966 年），本名舒庆春，字舍予，满族正红旗人，中国现当代文学大师，北京文学的杰出代表。他 1899 年出生于北京新街口小羊圈胡同，1966 年因受“文化大革命”冲击在北京太平湖投水自杀。他毕业于北京师范学校，曾经担任京师第十七小学（现为东城区方家胡同小学）校长、伦敦大学东方学院中文讲师、山东济南齐鲁大学教授、全国文艺家抗敌协会总务部主任、北京市文联主席、中国文联副主席、中国作协副主席等职。1951 年被北京市人民政府授予“人民艺术家”称号。

位于灯市口西街丰富胡同19号的丹柿小院，是老舍晚年住所，现为老舍纪念馆。

老舍一生创作丰卓，其长篇小说代表作有：

《二马》（1929 年发表）、《猫城记》（1932~1933 年发表）、《离婚》（1933 年发表）、《骆驼祥子》（1936 年发表）、《四世同堂》（创作于 1943~1950 年）、《鼓书艺人》（创作于 1949 年）、《正红旗下》（创作于 1961~1962 年）。

中篇小说代表作有《月牙儿》（1935 年发表）、《新时代的旧悲剧》（1935 年发表）、《我这一辈子》（1937 年发表）。

短篇小说代表作有《微神》（1933 年发表）、《抱孙》（1933 年发表）、《黑白李》（1934 年发表）、《老字号》（1935 年发表）、《断魂枪》（1935 年发表）。

话剧代表作有《龙须沟》（1950 年发表）、《茶馆》（1957 年发表）。

散文代表作有《想北平》（1936 年发表）、《宗月大师》（1940 年发表）、《我的母亲》（1943 年发表）等。

此外，老舍在诗歌、曲艺、翻译等领域也卓有成就。人民文学出版社于 1980~1991 年出版了《老舍文集》16 卷，2013 年出版了《老舍全集》（修订版）19 卷。

老舍作品流淌着浓郁的京味。他写的多是北京的人和事。他以北京人和北京文化为基点思考中华民族和中华文化的存亡问题。他以精心锤炼的北京话作为创作语言，为中国现代白话文建设做出了重要贡献。老舍是现代京味文学最富有代表性、成果最为卓著的作家。

一 抒写对乡土北京的眷恋之情

老舍的创作，一般不从古都与中国政治文化的关系角度彰显北京的重要性，而是从本地居民的视角去抒写北京人的乡土眷恋之情。

直抒平民的乡土眷恋

老舍时常在散文、诗歌中直抒自己对故乡北京的眷恋之情。1936 年，他在青岛遥对古都写下散文名篇《想北平》。他抒情的对象不是一般游客瞩目的故宫、长城、天坛、颐和园这些皇家园林、名胜古迹，而是“那长着红酸枣的老城墙”、[①]是安静的积水潭。他说：

① 老舍:《想北平》，引自《老舍文集》(第十四卷)，人民文学出版社 1989 年版，第 63 页。

面向着积水潭，背后是城墙，坐在石上看水中的小蝌蚪或苇叶上的嫩蜻蜓，我可以快乐的坐一天，心中完全安适，无所求也无可怕，象小儿安睡在摇篮里。是的，北平也有热闹的地方，但是它和太极拳相似，动中有静。[①]

老舍对北京的情感是一个人对生于斯长于斯的乡土的眷恋。在他心中，北京不是彰显皇权或施展政治谋略之地，更非猎取奇景之所，而是让自己的心灵得到安宁的温馨家园。所以，他把北京比作自己的摇篮，把自己对北京的爱比作对母亲的爱。他说：

……我的最初的知识与印象都得自北平，它是在我的血里，我的性格与脾气里有许多地方是这古城所赐给的。[②]

我所爱的北平不是枝枝节节的一些什么，而是整个儿与我的心灵相粘合的一段历史，一大块地方，多少风景名胜，从雨后什刹海的蜻蜓一直到我梦里的玉泉山的塔影，都积凑到一块，每一小的事件中有个我，我的每一思念中有个北平，这只有说不出而已。[③]

故土北京给他的审美感受，不是由陌生所产生的震惊感，而是因熟悉所滋养出的亲切感。人与家园在老舍的乡土怀念中形成一种亲密无间、水乳交融的共存关系。

正如在对北京的书写中融入了安放心灵的需求，老舍珍惜的

①② 老舍:《想北平》,引自《老舍文集》(第十四卷),人民文学出版社 1989 年版，第 63 页。

③ 同上，第 62 页。

是北京生活的平常、诗意。从日常人生出发，老舍体会到北京是最宜居的城市。他说：

北平在人为之中显出自然，几乎是什么地方既不挤得慌，又不太僻静：最小的胡同里的房子也有院子与树；最空旷的地方也离买卖街与住宅区不远。①

他还说别人可能喜欢北平的“书多古物多”，而自己则只“喜爱北平的花多菜多果子多”。② 这里可以看出，老舍在《想北平》中审视北京风物的视角是一个本地居民的视角，而不是以一个外来猎奇者的视角。老舍所体会到的北京风物的美感都与日常生活中的舒适感、便利性相关联。

墙上的牵牛，墙根的靠山竹与草茉莉，是多么省钱省事而也足以招来蝴蝶呀！至于青菜，白菜，扁豆，毛豆角，黄瓜，菠菜等等，大多数是直接由城外担来而送到家门口的。雨后，韭菜叶上还往往带着雨时溅起的泥点。青菜摊子上的红红绿绿几乎有诗似的美丽。③

像我这样的一个贫寒的人，或者只有在北平能享受一点清福了。④

① 老舍:《想北平》，引自《老舍文集》(第十四卷)，人民文学出版社 1989 年版，第 63 页。

②③④ 同上，第 64 页。

从日常起居、瓜果蔬菜中寻找“诗似的美丽”、体验人生的“清福”，老舍在对北京风物的书写中透出对普通人生活方式的诗意阐发。这种诗意没有出尘避世的意味，而是直接从贫寒的日常生活中生发出来，以日常生活为根基，与平凡人生密不可分。由此可见，老舍审视北京风物的本地居民视角具有平民特色，而不同于钟鸣鼎食的王公贵族的视角或不问柴米油盐的文人墨客的视角。虽贫寒而不忘诗意，能将生活便利性与审美追求结合起来，这亦隐约可见其满族旗人身份特点。老舍笔下的北京诗情，是都市平民日常生活与乡土田园诗意的融合，决然不同于海派文学中的都市摩登、西洋风味。

书中人物的北京乡情

老舍笔下的北京人，无论在北京还是在外地乃至于在外国，心头上往往都萦绕着浓郁的北京乡情。长篇小说《二马》中，北京人马则仁到伦敦继承哥哥的遗产，但是，

伦敦买不到老绍兴，唉！还是回国呀！老马始终忘不了回国，回到让人可以赏识踏雪寻梅和烟雨归舟的地方去！[①]

长篇小说《骆驼祥子》中，洋车夫祥子被虎妞逼婚，走投无路。这时，

① 老舍：《二马》，引自《老舍文集》（第一卷），人民文学出版社1980年版，第551页。

最好是蹓脚一走。祥子不能走。就是让他去看守北海的白塔去，他也乐意；就是不能下乡！上别的都市？他想不出比北平再好的地方。他不能走，他愿死在这儿。”①

长篇小说《离婚》中，财政所科员张大哥听说同事老李竟然离开北京回到山东老家，立刻判断说：

可是，老李不久就得跑回来，你们看着吧！他还能忘了北平跟衙门？②

老舍笔下人物眷恋北京的理由丰富多样，马则仁是留恋中国传统的审美文化，祥子则有一种非理性的乡土固守情感，张大哥则以北京人的整个生活方式为自豪。尽管老舍对他们无法接受外乡的保守心态不无揶揄，但老舍同时也深切理解他们的这份乡土执著。

以京城实景为作品环境

根据舒乙的研究，常被老舍写入小说的北京真实的山名、水名、胡同名、铺店名有 240 多个。以写得多少为序排列，前三十名的有北海、小羊圈胡同、中山公园、护国寺、德胜门、东安市场、

① 老舍:《骆驼祥子》，引自《老舍文集》（第三卷），人民文学出版社 1982 年版，第 83 页。
② 老舍：《离婚》，引自《老舍文集》（第二卷），人民文学出版社 1981 年版，第 367 页。

老舍出生地：新街口的小羊圈胡同（现名小杨家胡同。）

护城河、龙须沟、西四牌楼、西山北山、便宜坊、天桥、积水潭、正阳门、海淀、西直门、西单牌楼、鼓楼、土城、雍和宫、天坛、中海、静宜园、颐和园、西安门、新街口、太庙、后门、白云观、南海。老舍笔下人物行走的路线往往也符合北京的地理实况。综合《骆驼祥子》中祥子所走的 7 条行动线路，甚至能大致勾勒出北京的立体地图。《老张的哲学》《赵子曰》《离婚》《四世同堂》《正红旗下》这几部长篇小说，也都有虚构性人物在北京城行动的准确路线。[①]

① 舒乙 :《老舍著作与北京城》，引自《我的思念——关于老舍先生》，中国广播电视出版社 1999 年版，第 36~37 页。

老舍的出生地——新街口小羊圈胡同是老舍写得最充分的地点之一。不仅老舍长篇自传体小说《正红旗下》以小羊圈胡同为主要背景，而且三卷本的长篇小说《四世同堂》的故事也主要在小羊圈胡同展开。《四世同堂》是反映北平沦陷期生活的虚构小说。《四世同堂》第一卷《惶惑》中写道：

祁家的房子坐落在西城护国寺附近的“小羊圈”。说不定，这个地方在当初或者真是个羊圈，因为它不象一般北平的胡同那样直直的，或略微有一个两个弯儿，而是颇像一个葫芦。通到西大街去的是葫芦的嘴和脖子，很细很长，而且很脏。葫芦的嘴是那么窄小，人们若不留心细找，或向邮差打听，便很容易忽略过去。进了葫芦脖子，看见了墙根堆着的垃圾，你才敢放胆往里面走，象哥仑布看到海上漂浮着的东西才敢向前进那样。走了几十步，忽然眼前一明，你看见了葫芦的胸：一个东西有四十步，南北有三十步长的圆圈，中间有两棵大槐树，四周有六七家人家。再往前走，又是一个小巷——葫芦的腰。穿过“腰”，又是一块空地，比“胸”大着两三倍，这便是葫芦的肚了。“胸”和“肚”大概就是羊圈吧？①

以外来者探幽的视角先写小羊圈胡同之不引人注目，再写小羊圈胡同之令人“眼前一明”，先抑后扬，表达了老舍对自己出生地敝帚自珍式的情感认同。

① 老舍：《四世同堂》，引自《老舍文集》（第四卷），人民文学出版社 1983 年版，第 9 页。

二 感慨北京市民在乱世中的悲剧命运

老舍作品充溢着浓郁的悲凉感。这来自老舍对北京平民命运的体悟。老舍创作刻画了现代北京中下层社会的各种人：既有车夫、巡警、艺人、暗娼、佣人，也有教师、学生、科员、掌柜、主妇，还有大兵、侦探等。老舍着墨详写的那些车夫、巡警、商人、暗娼，往往都是苦人，而不是恶人。他们一般都老实勤勉，却不得善终。老舍由此抒发了自己的生命悲感，控诉了缺少公平正义的乱世，也表达了建立良序社会的渴望。老舍是现代北京中下层市民的代言人。

同情车夫、巡警的不幸命运

车夫、巡警是老舍笔下最富有代表性的北京下层市民，也是唯老舍创作独有、其他中国现代文学作家很少关注的人物形象。

长篇小说《骆驼祥子》叙述的是青年车夫祥子逐步走向人生末路的故事。祥子初由乡下到北京城时体面要强、勤勉自律，一心想通过劳动和节俭添置一辆车子。他的愿望一次次破灭。第一次是乱兵强行征走了他三年早出晚归、节食缩食才买上的新车；第二次是侦探敲诈走了他辛苦存下的三十几块买车钱；第三次是妻子虎妞难产而死，他不得不卖了车子来葬妻。一次又一次的人生打击终于使他认同了老车夫的沉痛感悟：

干苦活儿的打算独自一个人混好，比登天还难。[①]

他不再有希望，就那么迷迷忽忽的往下坠，坠入那无底的深坑。他吃，他喝，他嫖，他赌，他懒，他狡猾，因为他没了心，他的心被人家摘了去。他只剩下那个高大的肉架子，等着溃烂，预备着到乱死岗子去。[②]

这应验了作者的一句沉重叹息：“坏嘎嘎是好人削成的。”[③]

中篇小说《我这一辈子》的主人公原是个利索能干的裱糊匠，妻子随师兄跑走后，他觉得丢不起脸，便换环境而改行当了巡警。几十年在巡警岗位上，他亲历了乱世中的种种不公平现象，眼看着辫子兵烧杀掠夺、乱民趁火打劫、官员胡作非为却无能为力。他沉痛体会到：

---

① 老舍：《骆驼祥子》，引自《老舍文集》（第三卷），人民出版社 1982 年版，第 211 页。

② 同上，第 215 页。

③ 同上，第 126 页。

在这么个以蛮横不讲理为荣，以破坏秩序为增光耀祖的社会里，巡警简直是多余。[①]

尽管他一辈子都勤勤恳恳，从没有一点懒惰与疏忽，却始终只能在温饱线上挣扎。及至老年，儿子病死，自己失业，他便只能靠打各种零工给小孙子找粥吃。他预见自己的晚景是“我等着饿死，死后必定没有棺材，儿媳妇和孙子也得跟着饿死”。[②]他发出无奈而辛酸的笑声：

笑我这一辈的聪明本事，笑这出奇不公平的世界，希望等我笑到末一声，这世界就换个样儿吧！[③]

诉说商人的穷途末路

老舍笔下的商人多是勤勉本分的小生意人，大都不同于茅盾小说《子夜》中的大资本家。他们兢兢业业，却一律时运不济，无论怎么努力也挡不住走下坡路的厄运。长篇小说《牛天赐传》中，牛老者苦心经营三十多年的老字号福隆被乱军的一把火烧得“只剩下点焦炭与瓦块”，[④]他存钱的源成银号不久也倒闭了。牛老者受不了这些致命打击，不久就病故了。

---

① 老舍:《我这一辈子》,引自《老舍文集》(第九卷),人民文学出版社 1986 年版，第 100 页。

②③ 同上，第 125 页。

④ 老舍:《牛天赐传》，引自《老舍文集》(第二卷)，人民文学出版社 1981 年版，第 515 页。

短篇小说《新韩穆烈德》中的父亲是个果贩子，因洋货冲击，三辈子祖传的买卖，两三年的工夫全赔光了。小说以不明事理的儿子的视角来叙述父亲的故事，作品既表达了对生意人的同情，也讽刺了不知生计艰难的大学生。

长篇小说《四世同堂》中的祁天佑是个老实规矩的布店掌柜，受日本占领者诬陷，被戴上“奸商”的白布条游街，最终不堪其辱而投河自尽。

话剧《茶馆》更是一部本分商人的衰亡史。王利发从晚清到抗战胜利一直经营着京城的裕泰大茶馆。几十年来，虽然世事艰难，生意越来越不好做，但他凭着自己的精明与勤勉，在同行业中一枝独秀，总算维持下来了。可是，抗战胜利了，他的茶馆反而被恶势力霸占了。上吊自杀前，回顾自己的一生，他感慨道：

> 我呢，作了一辈子顺民，见谁都请安、鞠躬、作揖，我只盼着呀，孩子们有出息，冻不着，饿不着，没灾没病！[①]
>
> 改良，我老没忘了改良，总不肯落在人家后头。卖茶不行啊，开公寓。公寓没啦，添评书！评书也不叫座儿呀，好，不怕丢人，想添女招待！人总得活着吧？我变尽了方法，不过是为活下去！是呀，该贿赂的，我就递包袱。[②]

最后，他悲愤地质问道：

---

① 老舍：《茶馆》，引自《老舍文集》（第十一卷），人民文学出版社 1987 年版，第 420 页。

② 同上，第 421 页。

我可没有做过缺德的事，伤天害理的事，为什么就不叫我活着呢？我得罪了谁？谁？皇上，娘娘那些狗男女都活得有滋有味的，单不许我吃窝窝头，谁出的主意？[①]

悲悯卖淫谋生的穷苦女性

老舍笔下靠卖淫谋生的女性主要有《微神》中的“她”，《月牙儿》中的“我”，《骆驼祥子》中的小福子、“白面口袋”，《鼓书艺人》中的琴珠。其中只有琴珠因缺少道德操守而自甘堕落，成为老舍鄙夷的对象。老舍深切同情那些因生存无奈而不得不卖淫的穷苦女性。通过想象她们的悲惨命运，老舍也抒发了自己悲凉的生命感受。

短篇小说《月牙儿》中的“我”，自小失怙，母亲靠卖淫养活“我”。“我”为此感到可耻，恨过母亲，甚至于“要拒绝再吃她给我的饭菜”，[②]但“我”后来明白了：

不是妈妈的毛病，也不是不该长那张嘴，是粮食的毛病，凭什么没有我们的吃食呢？[③]

“我”小学毕业后，找不到事做，又在恋爱中受骗，终于体会到“肚

① 老舍：《茶馆》，引自《老舍文集》（第十一卷），人民文学出版社 1987 年版，第 421 页。

② 老舍：《月牙儿》，引自《老舍文集》（第八卷），人民文学出版社 1985 年版，第 270 页。

③ 同上，第 272 页。

子饿是最大的真理”，[1] 不得不去做暗娼，最终被收容到狱中。“月牙儿”是小说中反复出现的一个抒情意象。它见证着女主人公的不幸，映射着女主人公悲凉、无奈、希望、绝望时的种种情绪变化。

长篇小说《骆驼祥子》中的小福子是车夫的女儿。醉鬼父亲把她卖给一个军官做临时太太。军官走后，她回到娘家，母亲已经死了，

> 看看醉猫似的爸爸，看看自己，看看两个饿得像老鼠似的弟弟，小福子只剩了哭。眼泪感动不了父亲，眼泪不能喂饱了弟弟，她得拿出更实在的来。[2]

她只好去做暗娼养活两个未成年的弟弟。邻居祥子丧妻，小福子便希望能跟祥子一起过日子。

> "我没法子！"她自言自语的说了这么句，这一句话总结了她一切的困难，并且含着无限的希望——假如祥子愿意娶她，她便有了办法。[3]

可是，祥子虽然喜欢小福子，却由于她家庭负担太重而狠心离开

---

① 老舍：《月牙儿》，引自《老舍文集》（第八卷），人民文学出版社 1985 年版，第 282 页。

② 老舍：《骆驼祥子》，引自《老舍文集》（第三卷），人民文学出版社 1982 年版，第 161 页。

③ 同上，第 184 页。

了她。小福子后来沦落到下等妓院“白房子”继续卖淫，不堪其苦而上吊自杀。

老舍作品中车夫、巡警、商人、妓女这些苦人均命运不济。这种悲观的艺术想象展示了老舍对底层人的深切关怀，也投射了老舍自己悲凉无望的人生慨叹。这些苦人走投无路的原因，老舍给出了多种解释，或是乱兵抢劫放火，或是日本人侵略，或是恶霸欺压，或是家庭成员逼迫，归根结底就是社会缺少良性秩序。可见，在对底层北京市民悲苦命运的诉说中，老舍表达了建立良好社会秩序的渴求。

三 弘扬北京市民文化的正面价值

老舍是北京现代中下层市民的代言人。这不仅由于他的创作多方面揭示了北京市民的生存艰辛，还由于他的创作弘扬了北京现代市民文化的正面价值，为中国现代文化建构做出了杰出贡献。

■ 敬业奋斗精神与自尊自爱品格

在国内政治、经济生活方面，老舍的创作一般不主张暴力反抗。老舍最为赞赏的品质是人的敬业奋斗精神与自尊自爱品格。《二马》中的李子荣、《牛天赐传》中的牛老者、《骆驼祥子》中堕落之前的祥子、《我这一辈子》中的“我”、《四世同堂》中的祁天佑、《鼓书艺人》中的方宝庆、《茶馆》中的王利发、《正红旗下》中的福海，都是老舍愿与之共呼吸的敬业良民。他们自律自为、积极向上、不贪恋他人财物、渴望按照合理的社会生活秩序勤勉奋斗。

《我这一辈子》中的失业巡警“我”晚年到处打零工：

五十多了，我出的是二十岁的小伙子的力气。肚子里可是只有点稀粥与窝窝头，身上到冬天没有一件厚实的棉袄，我不求人白给点什么，还讲仗着力气与本事挣饭吃，豪横了一辈子，到死我还不能输这口气。[①]

《牛天赐传》中的京郊农民纪老者极为贫穷，却坚决不接受富家子弟牛天赐赠送的一块洋钱。牛天赐觉得“这些人，穷，可爱，而且豪横；不象城里的人见钱眼开。”[②]“豪横”一词，在北京方言中是“刚强有骨气”之意。老舍用这个词赞美优秀的北京人在贫困中自我奋斗、自尊自爱、把人格置于利益之上的品格。

《四世同堂》中，布店被日本人无理罚款，掌柜祁天佑就当了自己的狐皮袍，悄悄凑钱还给柜上。他的信念是：

时运虽然不好，他可是必须保持住自己的人格，他不能毫不负责的给铺子乱赔钱。[③]

老舍的创作褒扬了这样的人生价值取向：人对自己的岗位负

---

① 老舍:《我这一辈子》,引自《老舍文集》(第九卷),人民文学出版社 1986 年版，第 125 页。

② 老舍:《牛天赐传》，引自《老舍文集》(第二卷)，人民文学出版社 1981 年版，第 495 页。

③ 老舍:《四世同堂》，引自《老舍文集》(第五卷)，人民文学出版社 1983 年版，第 380 页。

责，人对自己的尊严负责，不贪恋他人钱财。显然区别于“有饭同吃，有衣同穿”的江湖义气观念，也区别于“打土豪，分田地”的造反意识、革命观念。

爱国情怀与民族抗争精神

老舍出生在晚清中华民族危亡之际，父亲就是在八国联军入侵时殉国的旗兵，家国情感认同自小就是老舍思想意识的重要内涵。日本入侵后他更是全身心投入到民族抗战事业中。老舍的创作始终一致地贯穿着中华民族的爱国情怀和民族抗争意识。长篇小说《火葬》《四世同堂》，话剧《国家至上》《张自忠》，短篇小说《浴奴》《人同此心》都是表达爱国主题的作品。

百万字的《四世同堂》是中国现代文学史上书写沦陷区人民惨痛生活的长篇巨著。该书分为《惶惑》《偷生》《饥荒》三部。日本人入侵，“整个的北平变成了一只失去舵的孤舟，在野水上飘荡！”[①] 老舍从实际生活损害和精神屈辱两方面详细谱写了小羊圈胡同居民的亡国之痛。祁老太爷和孙媳妇韵梅本都是不问国家大事的普通市民，以为“反正咱们姓祁的人没得罪东洋人，他们一定不能欺侮到咱们头上来！”[②] 但惨痛的现实让他们明白了：“生活在丧失了主权的土地上，死是他们的近邻！”[③]八年沦陷，

① 老舍：《四世同堂》，引自《老舍文集》（第五卷），人民文学出版社1983年版，第51页。

② 同上，第7页。

③ 同上，第190页。

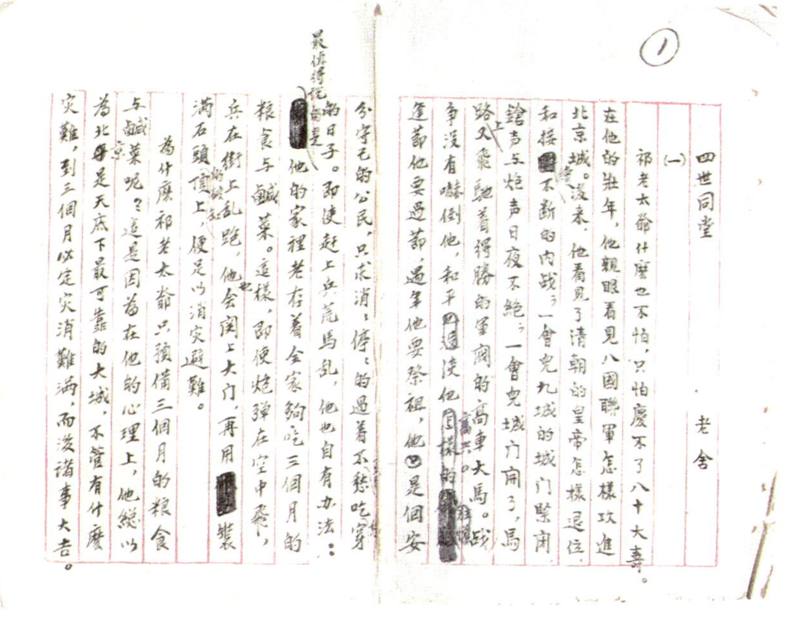

四世同堂

(一)

老舍

祁老太爺什麼也不怕，只怕慶不了八十大壽。在他的壯年，他親眼看見八國聯軍怎樣攻進北京城。後來，他看見了清朝的皇帝怎樣退位，和接[illegible]不斷的內戰；一會兒九城的城门緊閉，鎗声与炮声日夜不絕；一會兒城门開了，馬路上又飛馳着得勝的軍閥的高車大馬。戰争沒有嚇倒他，和平[illegible]使他[illegible]。逢節他要過節，過年他要祭祖，他只是個安分守己的公民，只求消消停停的過着不愁吃穿的日子。即使赶上兵荒馬亂，他也自有办法：最值得說的是他的家裡老存着全家夠吃三個月的糧食与鹹菜。這樣，即使炮彈在空中飛來飛去，兵在街上亂跑，他也会關上大门，再用[illegible]装滿石頭的破缸頂上，便足以消灾避難。

為什麼祁老太爺只預備三個月的糧食与鹹菜呢？這是因為在他的心理上，他總以為北京是天底下最可靠的大城，不管有什麼灾難，到三個月必定灾消難滿，而後諸事大吉。

老舍手稿：《四世同堂》

祁家失去三个亲人：儿子祁天佑受日本人侮辱而自杀，孙子祁瑞丰在汉奸的倾轧中被秘密处死，曾孙女妞儿在饥荒中吃了日本人配给的“共和面”，得急性阑尾炎而死。祁家的邻居中，车夫小崔不明不白地被日本人砍了头，京剧名票小文太太被日本人枪杀在舞台上，剃头匠孙七和汉奸冠晓荷因病在日本人的“消毒”活动中被活埋，无奈当了里长的李四爷被日本宪兵打死在院子中。作品还从爱国知识分子祁瑞宣的内心体验出发，充分抒写了日本人庆祝攻克南京等活动给北京人所造成的精神屈辱。

《四世同堂》还歌颂了中华民族反抗侵略的刚毅精神。老舍在这部长篇史诗中塑造了一系列可歌可泣的抗日英雄形象。司机钱仲石把拉着三十多个日本鬼子的车开到山涧中，与侵略者同归于尽。大学生祁瑞全放弃学业，逃出沦陷的北平，参加抗日队伍，后来又潜回城中，亲手掐死了曾经爱过但后来却当了汉奸的女特务招弟。诗人钱默吟更是《四世同堂》所塑造的民族脊梁。钱默吟本是闲云野鹤般的诗人。“他的每天的工作便是浇花，看书，画画，和吟诗”。[①] 他不问柴米油盐，不管国内政治，但在抗日这个大是大非问题上，却爱憎鲜明、立场坚定。他支持儿子为国捐躯。他被日本人抓到狱中，受尽酷刑，出狱后便完全抛开了士大夫的生活方式，尽自己最大的力量去与侵略者斗争。他走到哪里就睡在哪里，走到哪里就工作到哪里。只要手中的钱够买两个饼子、一碗开水，他就不顾个人生计，抓住一切机会悄悄宣传抗日思想。他给学生讲历史上的忠义故事，教车夫把喝醉的日本人摔下来掐死，鼓励冠家二太太尤桐芳见机杀汉奸，还亲自到演艺现场向日本人投掷手榴弹。

传统审美文化精神的现代延续

老舍对北京的审美文化有着爱恨交织的复杂感情。他一方面从民族危亡的角度，痛切批评北京人耽溺于日常审美文化而忽略了生存大计；另一方面又发掘北京审美文化的正面价值，为中华传统审美文化在现代文化建构中寻找延续之路。长篇小说《二马》中，“伦敦的第一个闲人”[②] 马则仁种完花后，

① 老舍:《四世同堂》，引自《老舍文集》(第五卷)，人民文学出版社 1983 年版，第 13 页。

② 老舍:《二马》，引自《老舍文集》(第一卷)，人民文学出版社 1980 年版，第 551 页。

来了一阵小雨，他站在那里呆呆的看着那些花儿，在雨水下一点头一点头的微动；直到头发都淋得往下流水啦，才想起往屋里跑。①

雨中种花看花的马则仁显然已经进入了陶渊明“采菊东篱下，悠然见南山”的物我两忘境地。对于这一细节，老舍既批评马则仁不认真对待商业经营工作、不直面自己生存困境的缺点，又借助英国房东温都太太的反应来肯定其正面价值。小说中，种花的马则仁显然深深打动了温都太太的心。他们俩坐下谈了一个多小时，由花草的共同爱好谈到各自亡故的伴偶，固然由于文化差异，

两个越说越彼此不了解，可是越谈越亲热。②

种花、遛狗这些超越生存功利的爱好，成了马则仁与温都太太这两个异族男女的爱情基础。这样，爱花、爱狗在作品中就被赋予了普世的人性价值。《四世同堂》中闲适无为的诗人钱默吟和安恬自在的票友小文夫妇都被老舍视为中华文化高洁人格的代表。这也显示了老舍对北京审美文化的喜爱。

短篇小说《老字号》《断魂枪》更是典型地体现了老舍延续中华传统审美文化的价值立场。《老字号》写的是北京老字号布店在现代商业营销策略冲击下无可挽回的失败命运，但作者的态

① 老舍：《二马》，引自《老舍文集》（第一卷），人民文学出版社1980年版，第474页。

② 同上，第475页。

度不是批评老字号抱残守缺、不知与时俱进，而是超越生存功利，从审美情调和商业道德两个层面对老字号的衰败唱了一曲无限眷恋的挽歌。《断魂枪》的主人公神枪沙子龙，面对现代社会，知道“他的世界已被狂风吹了走”，[①]所以他断然拒绝带徒弟，但是

夜静人稀，沙子龙关好了小门，一气把六十四枪刺下来；而后，拄着枪，望着天上的群星，想起当年在野店荒林的威风。叹一口气，用手指慢慢摸着凉滑的枪身，又微微一笑，“不传！不传！”[②]

老舍倡导敬业自律的北京市民文化精神，歌颂中华民族的爱国情怀，弘扬中华传统的审美文化精神，为北京文化乃至于整个中华文化的现代建构做出了重要贡献。

① 老舍：《断魂枪》，引自《老舍文集》（第八卷），人民文学出版社 1985 年版，第 333 页。

② 同上，第 338 页。

四 反思北京市民文化的负面价值

作为一名杰出的北京现代市民，老舍还在自己的创作中承担了北京文化的自我反思责任。

批评不对生计负责的生活态度

老舍笔下不对生计负责的人分为两类：一类是因沉湎于生活的艺术而忽略了生计问题，以《二马》中的马则仁、《鼓书艺人》中的窝囊废、《正红旗下》中的亲家爹、大姐夫为代表。他们多是老派的北京市民。老舍对他们既有批评也有理解。另一类是因不明事理而把自己的生计责任推给父母，以《离婚》中的张天真、《末一块钱》中的林乃久、《新韩穆烈德》中的田烈德为代表。他们一般是新派的北京市民，是家庭中的子辈。老舍对他们的态度是纯粹的否定。

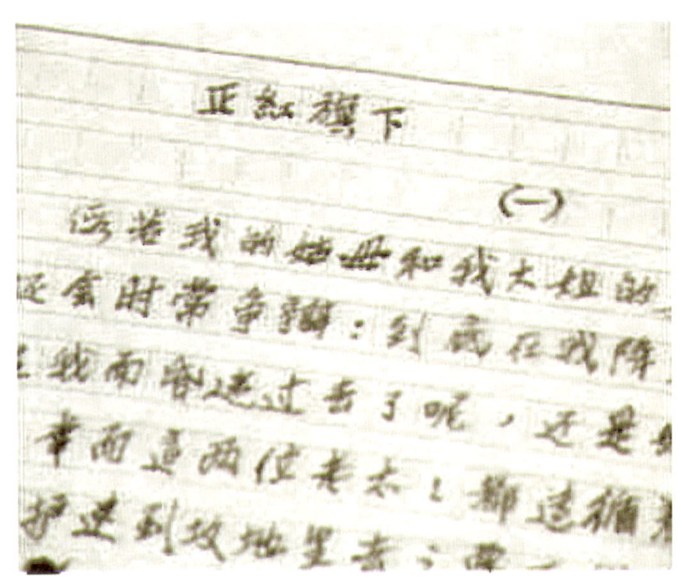

老舍手稿：《正红旗下》

《正红旗下》中的亲家爹、大姐夫是旗人武官，却“把毕生的精力都花费在如何使小罐小铲、咳嗽与发笑都含有高度的艺术性，从而随时沉醉在小刺激与小趣味里”，[①]而忘了生计、忘了职责。年关债台高筑，父子俩都不操心，

两位男人呢，也不知由哪里弄来一点钱，都买了鞭炮。老爷儿俩都脱了长袍。老头儿换上一件旧狐皮马褂，不系钮扣，而用一条旧布褡包松拢着，十分潇洒。大姐夫呢，年轻火力壮，只穿着小棉袄，直打喷嚏，而连说不冷。鞭声先起，清脆紧张，一会儿便火花急溅，响成一片。儿子放单响的麻雷子，父亲放双响的二踢脚，间隔停匀，有板有眼：噼啪噼啪，咚；噼啪噼啪，咚——

① 老舍：《正红旗下》，引自《老舍文集》（第七卷），人民文学出版社 1984 年版，第 189 页。

当！这样放完一阵，父子相视微笑，都觉得放炮的技巧九城第一，理应得到四邻的热情夸赞。[①]

对这类因沉湎于生活的审美艺术而不愿顾及生计的人，老舍对他们的嘲讽，往往显得温存而力避犀利，有时甚至是批评与欣赏相交知。《鼓书艺人》中，“窝囊废”方宝森，“爱弹又爱唱，爱艺如命，”但却“不肯卖艺吃饭”，[②] 靠弟弟方宝庆养活，是不计生存、只爱闲适的典型，而作者仍然借方宝庆之口赞美他说，“全家只有大哥有理想。其余的人都受金钱支配”[③]。显然，老舍既欣赏方宝庆“靠作艺挣钱养家”[④] 的勤勉踏实的人生态度，也在一定程度上理解京旗文化将不屑于关注生存视为清高的价值标准。

对那类因不明事理、贪图享乐而把自己的生计责任推给父母的人，老舍的批评显然要犀利得多。《离婚》中的张天真，“漂亮，空洞，看不起穷人，钱老是不够花，没钱的时候也偶尔上半点钟课。”[⑤] 他又懒又懦弱，从小学到大学，都是靠父亲请托的人情升学。他成天挖空心思只想多挤出父亲的钱来花，根本不知道自己的花费远超出父亲的供养能力。老舍经常以漫画化的方式来嘲讽这类不能体谅父母、不知生存艰辛、只知花钱享乐的摩登儿子。

---

① 老舍:《正红旗下》，引自《老舍文集》(第七卷)，人民文学出版社 1984 年版，第 194 页。

② 老舍:《鼓书艺人》，引自《老舍文集》(第六卷)，人民文学出版社 1984 年版，第 432 页。

③ 同上，第 444 页。

④ 同上，第 432 页。

⑤ 老舍 :《离婚》，引自《老舍文集》(第二卷)，人民文学出版社 1981 年版，第 215 页。

批判自私、贪婪、伪善等道德缺陷

老舍创作一般不注重从政治立场出发评价人，而擅长于从伦理道德角度评价人。在老舍眼中，北京市民中既有恪守仁义礼智信的自尊自爱者，也有自私贪婪的道德缺失者。抗日战争前，老舍的创作着重从日常生活细节描写中揭穿伪君子的自私、贪婪，短篇小说《善人》《新时代的旧悲剧》便是这类代表作。抗日战争爆发后，老舍往往把反面人物在日常生活中的自私、贪婪与其在民族大义上的卖国行径之间建立起同构关系。长篇小说《四世同堂》中的冠晓荷、大赤包、祁瑞丰、蓝东阳、高亦陀，都是老舍笔下既缺少日常道德又没有民族气节的小丑。

《新时代的旧悲剧》中，自诩为“儒生、诗人、名士”的陈老先生，熟练地利用中国传统文化话语，风度翩翩地表演父慈子孝、儒士风雅，背地里却纵容儿子陈廉伯在侦探长的职位上非法揽钱，最终送了儿子的命。

老先生心中的学问老与作官相联，正如道德永远和利益分不开。儿子既是官，而且能弄钱，又是个孝子，老先生便没法子不满意。只有想到自己的官运不通，他才稍有点忌妒儿子，可是这点牢骚正好是作诗的好材料，那么作一两首律诗或绝句也便正好是哀而不伤。①

---

① 老舍：《新时代的旧悲剧》，引自《老舍文集》（第八卷），人民文学出版社1985年版，第352~353页。

闲适的诗情与有为的壮志，都成了陈老先生表演的道具；同时他的表演出神入化，既博得他人的钦佩景仰，也引发他本人的自恋自傲。然而，无论是儒生壮志还是名士风雅，在这里都丝毫没有理想主义的精神向度，只有利益上的斤斤计较和虚伪的人格表演。《新时代的旧悲剧》寓讥讽于庄肃笔调中，庄肃与讽刺浑然一体。

反思平庸的生存状态，批评软弱的生活态度

老舍还以诗意生存的眼光批评北京市民的庸常生活状态，这主要体现在长篇小说《离婚》中。小说中财政所科员张大哥是庸常人生状态的代表。他只有丰富的社会经验，却没有独立的思想，他以常识为人生指南，规避对存在的个性化思考，其人生观的根本特征是敷衍生命。

张大哥的每根毫毛都是合着社会的意思长的[①] ……他的经验是与日用百科全书有同样性质的。哪一界的事情他都知道。哪一部的小官，他都作过。哪一党的职员，他都认识，可是永不关心党里的宗旨与主义。无论社会有什么样的变动，他老有事作；而且一进到个机关里，马上成为最得人的张大哥。[②] ……张大哥一生所要完成的神圣使命：做媒和反对离婚。[③]

---

① 老舍：《离婚》，引自《老舍文集》（第二卷），人民文学出版社 1981 年版，第 288 页。

② 同上，第 154 页。

③ 同上，第 149 页。

这个问题的要害，首先在于放逐了婚姻中的爱情体验内涵，其次在于不能理解有个性的生活方式。

张大哥的全身整个儿是显微镜兼天平。……在天平上，麻子与近视眼恰好两相抵销，上等婚姻。

自然张大哥的天平不能就这么简单。年龄，长像，家道，性格，八字，也都须细细测量过的；终身大事岂可马马虎虎！[①]

张大哥越是热衷于掂量男女双方的条件，就越是遗忘了婚姻中应有的感情契合、个性认同这些开启诗意存在之境的因素。作品以同事老李的批评性眼光审视张大哥生活的庸常性质，由此表示了老舍渴望超越平庸、超越常识的诗意人生追求。

老舍的创作还反思了北京市民因过分注重礼仪而在恶势力面前不免软弱无力的缺点。《离婚》中的张大哥不敢反抗小赵的敲诈，他的"硬气只限于狠命的请客，骂一句人他都觉得有负于礼教"。[②]长篇小说《四世同堂》中，祁老人与李四爷在日本人的欺压下终于明白了：

他们一向规规矩矩，也把儿女们调教的规规矩矩，这是他们引以为荣的事；可是，他们错了，他们的与他们儿女的规矩老实，恰好教他们在敌人手底下，都敢怒而不敢言；活活的被饿死，而

① 老舍：《离婚》，引自《老舍文集》（第二卷），人民文学出版社 1981 年版，第 149 页。

② 同上，第 281 页。

不敢出一声！[①]

作品还借孙子祁瑞宣的眼光，从祁老人过分谦卑的态度出发反思中华文化缺少反抗性的问题。

中国确是有深远的文化，可惜它有点发霉发烂了；当文化霉烂的时候，一位绝对良善的七十多岁的老翁是会向“便衣”大量的发笑，鞠躬的。[②]

老舍的北京文化反思，立足于北京人的生存发展需求，注重伦理道德建构，并蕴含多方位的人生哲理追问。老舍由此展示了他渴望北京文化日趋合理的赤子之心。

① 老舍:《四世同堂》，引自《老舍文集》(第六卷)，人民文学出版社 1984 年版，第 68 页。

② 同上，第 336 页。

五 卓越的京味语言艺术

老舍是京味文学语言大师。老舍文学创作的价值，不仅体现在其深邃的思想情感上，也体现在其卓越的语言艺术上。

幽默的风格

老舍的创作自觉追求幽默的语言风格。他的幽默分为两类：一类是“以悲郁为内核”[①]的幽默，另一种是纯粹轻松戏谑的幽默。

以悲郁为内核的幽默是一种带泪的笑，在笑之中包裹着作者荒凉的生命感受。话剧《茶馆》中伙计李三的台词“改良！改良！

① 孙洁:《世纪彷徨》，引自《老舍论》，百花洲文艺出版社 2003 年版，第 22 页。

越改越凉，冰凉！”[①]让观众忍俊不禁，却难以哈哈大笑，因为其幽默趣味中包含着沉重的内涵，引发人们追问为什么茶馆老板王利发努力地与时俱进，生意却越做越难。直面悲凉无望的生命体验，老舍既没有像鲁迅那样去建构反抗绝望的生命哲学，也没有像左翼文学那样去寻找社会反抗的途径，而是常常把悲情抒发与幽默戏谑的叙述态度结合起来，建构起悲喜交融的独特的美学风格。

老舍成熟期的创作中，纯粹轻松戏谑的那类幽默，有时虽然并不指向严肃的现实人生追问、只是展示作者轻松戏谑的喜剧趣味，却也并没有什么恶俗的情调，而能给人高度的精神愉悦。如长篇小说《牛天赐传》，常以“英雄”称谓调侃普通孩子牛天赐，以“换毛的鸡”“隐士卖梨”“狗长犄角”对牛天赐进行善意的嘲笑。[②]《牛天赐传》中这些轻松戏谑，往往与情节浑然一体，并不像老舍最早的长篇小说《老张的哲学》那样戏谑常常因与情节脱节而造成小说结构的拖沓。

老舍的语言充满民间谐趣，其幽默格调不同于林语堂所倡导的绅士阶层的冲淡式的幽默，而更多语言狂欢的意味。

俗白的词汇

老舍创作尽量选择现代北京口语中的俗白词汇，不用生僻的字词，少用形容词，追求语言的生动性。他对自己“用平民千字

① 老舍:《茶馆》，引自《老舍文集》(第十一卷)，人民文学出版社1987年版，第376页。

① 老舍:《牛天赐传》，引自《老舍文集》(第二卷)，人民文学出版社1981年版，第429、530、537页。

文课的一千个字也能写出很好的文章”深感自豪，说：

有人批评我，说我的文字缺乏书生气，太俗，太贫，近于车夫走卒的俗鄙；我一点也不以为耻！①

话剧《龙须沟》中赵老说：“大小的买卖，工厂，全教他们接收的给弄趴下啦，就剩下他们自己肥头大耳地活着！”②“弄趴下”“肥头大耳”这些毫无文绉气的北京日常语汇，有力地传达出了一个北京底层市民对官僚的控诉。话剧《茶馆》中马五爷一句“二德子，你威风啊！”③震慑住了小混混二德子。“威风”这个简洁俗白的北京口语词汇，传神地表现了恶霸马五爷的威风。

声调上的诵读性

老舍的创作是现代京腔京韵文学的巅峰之作。他的文学语言读起来往往四声匀称，平仄和韵，配合着内容的情感变化，蕴含着音乐的律动。《骆驼祥子》中，刚刚结婚，“虎妞很高兴。她张罗着煮元宵，包饺子，白天逛庙，晚上逛灯。”④这里，

① 老舍：《我怎样写〈小坡的生日〉》，引自《老舍文集》（第十五卷），人民文学出版社 1990 年版，第 181 页。

② 老舍：《龙须沟》，引自《老舍文集》（第十一卷），人民文学出版社 1987 年版，第 109 页。

③ 老舍：《茶馆》，引自《老舍文集》（第十一卷），人民文学出版社 1987 年版，第 363 页。

④ 老舍：《骆驼祥子》，引自《老舍文集》（第三卷），人民文学出版社 1982 年版，第 142 页。

几个语段的句尾依次是仄平轻仄平，在音调上有两次起伏，听着自然舒服。整句话最后一字落在平声上，意在烘托虎妞新婚之后高兴的心情。如果颠倒过来，写成晚上逛灯，白天逛庙，结尾的调子沉了下去，就差多了。论句式，这几句都很短，节奏急促，再加上平仄的起伏，与虎妞的忙乎劲儿、兴奋劲儿完全相合。[①]

老舍的文学语言，是京味文学语言的高峰。

① 范亦豪：《"悦耳的"老舍》，载于《盐城师范学院学报（人文社会科学版）》，2003年第2期。

结语

老舍的创作抒发了对乡土北京浓郁的眷恋之情，刻画了北京中下层市民的群体形象，弘扬了北京文化的正面价值，反思了北京文化的不足之处，也充分展示了京味文学语言的艺术魅力。老舍的文学创作是现代京味文学创作的高峰。新时期以来，汪曾祺、林斤澜、邓友梅、陈建功、韩少华、刘心武、刘绍棠、叶广芩、赵大年的京味小说和苏叔阳、李龙云、何冀平、中英杰的京味话剧都深受老舍创作的影响。

参考文献

1. 老舍 :《老舍文集》，人民文学出版社 1980~1991 年版。
2. 老舍 :《老舍全集（修订版）》，人民文学出版社 2013 年版。
3. 白公、金汕 :《京味儿——透视北京人的语言》，中国妇女出版社 1993 年版。
4. 关纪新 :《老舍评传》，重庆出版社 1998 年版。
5. 舒乙:《我的思念——关于老舍先生》,中国广播电视出版社 1999 年版。
6. 赵园 :《北京 : 城与人》，北京大学出版社 2002 年版。
7. 韩经太等 :《老舍与京味文学》，北京大学出版社 2011 年版。
8. 樊骏:《认识老舍（上）、（下）》，载于《文学评论》，1999 年第 5、6 期。
9. 范亦豪 :《“悦耳的”老舍》，载于《盐城师范学院学报（人文社会科学版）》2003 年第 1 期。
10. 李玲 :《老舍小说的性别意识》，载于《南京大学学报（人文社会科学版）》2005 年第 6 期。
11. 李玲:《从重建民族主体性视野审视中国闲适文学传统——从《二马》、《四世同堂》说起》，载于《民族文学》，2009 年第 2 期。
12. 刘勇 :《老舍及京味文学的中国形象元素》，载于《学术月刊》2010 年第 11 期。

后记

在《京名片》这套丛书中，这是第一部。说是书其实更像是对初次见到北京或是想要了解北京的人所讲的故事。说是故事，其实都是北京历史上真真实实存在的，是北京古城一砖一瓦、一草一木的真实面貌，是那里的人的真实生活，以及刻在每一件历史文物上的真实思想和情感。北京太大啦！不是说它的城大，而是它里面所包容的历史内涵大；它是寄寓中华文明发展和中华文化融合的龙图腾精神的真实的物质与精神的存在。中华文明和中华文化从根本上说，是一种文化融合的存在；从两河流域（黄河和长江流域）的文明之初直至汉唐和元明清强大帝国的出现，中华民族在多族群、多民族、多元文化的不断冲突、碰撞、交流、交融的过程中逐渐融合为一个壮大的民族整体；这个民族整体是我们国家的富有特殊文化意义的国家形态，是我们国家强盛的文化基础以及历史文化精神的依托。

北京文化正是形成我们国家多元民族、多元文化相依共存的文化内核的典型存在和反映。我们从这个五朝古都出发，沿着文物、古迹、历史遗存的线索，一步步贴近中华民族文化交融的根脉，深刻认识这个伟大民族的包容、宽宥、顽强、坚韧、厚生、和谐的文化品质和人文情怀。这部书也像是一部索引，可以带着读者沿着这条历史人文的线索走下去，将北京历史文化的故事看完，将中华文化的故事看完，将中国人对于自己历史文化根脉的存在认识梳理完整。

本书共有六个单元，我们请六位研究北京历史文化的专家学者撰写了文稿。他们的写作情况是：

王　岗：北京历史文化概论；

李建平：定都北京；

高大伟：北京的皇家园林；

姚　安：北京的坛庙；

谭烈飞：北京的四合院；

李　玲：老舍与北京现代文化。

唐悯丽

2018 年 12 月